ことわざ

イラストで覚える 韓国語

林 炫情・丁 仁京

HAKUEISHA

はじめに

　「イラストで覚える韓国語」シリーズは、より自然で豊かな韓国語の上達を目指す韓国語学習者のため、韓国語能力を向上させることはもちろん、韓国の文化と韓国人の考え方を楽しく学び、身につけてほしいという願いを込めて制作しました。よく聞く言葉なのに、どういうことなのかわからなくて困ったり、意味は伝わるけどそのまま日本語にしてしまうとなんとなく違和感を覚えてしまうような表現はありませんか？本シリーズでは、そのような韓国語の「慣用表現」「ことわざ」「四字熟語」を敢えて直訳のイラストで提示し、韓国語の表現そのものの面白さを直観的に理解し楽しく覚えることができるよう構成しました。

　本書は、「イラストで覚える韓国語」シリーズの「ことわざ」編です。本書では、ハングル能力検定試験準２級以上と韓国語能力検定試験（TOPIK）Ⅱ（３級〜６級）の語彙の中から、特に重要度の高い「ことわざ」150語を収録しました。韓国人の生活と意識、社会像を盛り込んだ多様な例文から実際にどのように使うかを調べることができます。さらに、確認問題を通して自分の習得の定着を図りながら学習を進めることができるよう工夫しました。検定試験の対策として、そして学校や仕事の休み時間、電車やバスのちょっとした移動時間に気軽にご活用ください。本シリーズを通して、韓国人も驚かせる豊かで自然な韓国語表現

を使えるようになっていただければ幸いです。

　最後になりますが、本書に収録した直訳イラストの着想は、山口県立大学の卒業生の村上卓さんによって提供されたものが多数含まれています。また、本シリーズの出版を快く引き受けてくださった出版社日本法人博英社の中嶋啓太代表取締役をはじめ、金善敬編集委員、編集部のみなさまには大変お世話になりました。みなさまに心より感謝申し上げます。

2023 年 1 月吉日

著者一同

まえがき

本書は次のような方にお勧めです。

面白い絵と豊富な例文で学びたい！ ✎

　韓国人の生活と意識、社会像を盛り込んだ表現を面白いイラストで理解し、例文を通して実際にどのように使うかを調べることができます。イラストで直感的に覚え、例文を通して自然な韓国語になれていきましょう。

韓国語の検定試験の対策として使いたい！ ✎

　ハングル能力検定試験準2級以上と韓国語能力検定試験（TOPIK）Ⅱ（3級〜6級）の語彙の中から、特に重要度の高いことわざ150語を収録しました。また、10個の表現ごとに確認問題を設定しました。それぞれのペースに合わせて自分の習得の定着を図りながら学習を進めることができます。

移動や休憩の隙間時間に、気軽に韓国語を覚えたい！ ✎

　本書は無料の音声ファイルをダウンロードしてお使いいただけます。したがって本書を読み進めながら目と耳で学習することも、音声を携帯音声プレーヤーなどに入れて、通勤・通学の移動時間や休憩時

間に耳だけで学習することもできます。音声ファイルでは、一つの見出し語について韓国語が2回音読されます。最初は普通のスピードで、2回目は少しゆっくりとしたスピードで音読されます。最初は速く感じるかもしれませんが、繰り返し聞いて慣れていきましょう。また、次の見出し語の前にはポーズが入ります。このポーズの間に日本語の意味を思い出したり、口に出して発音したりするとより効果的な練習ができるでしょう。

本書の構成

見出し語

見出し語は韓国語の가나다順になっています。上の数字は見出し語の番号です。

意味

韓国語の直訳と日本語の意味を掲載しました。

イラスト

韓国語の直訳をそのままイラストで表現しました。

音声トラックナンバー

006 ▶ 006

가랑잎이 솔잎더러 바스락거린다고 한다 ☆☆☆

直訳 落ち葉が松葉に向かってカサカサ音がすると言う
意味 目くそ鼻くそを笑う

뜻풀이 자기의 허물은 생각하지 않고 남의 허물만 나무란다.

自分の欠点を棚に上げ、他人の欠点をあざ笑う。

가랑잎이 솔잎더러 바스락거린다더니 이처럼 자기 허물이 큰 것은 생각하지 못하고 다른 사람의 작은 허물을 비난하면 안 돼죠.

落ち葉が松葉に向かってカサカサ音がすると言うというように、自分の過失が大きいことを棚に上げて、他人の小さい過失を非難してはいけませんよ。

重要度

★の印が多いほどより重要度の高い順を示しています。

意味の解釈

見出し語の意味をより分かりやすく説明しました。

例文

見出し語を含んだ韓国語の例文と訳文を掲載しています。

목차

音声ファイルは、
QRコードをスキャンするとダウンロードいただけます。

001 ▶ 001 ☆☆☆

가까운 남이 먼 일가보다 낫다

直訳 近くの他人のほうが遠くの親類よりよい
意味 遠くの親戚より近くの他人

뜻풀이 이웃끼리 서로 친하게 지내다 보면 먼 곳에 있는 일가보다 더 친하게 되어 서로 도우며 살게 된다.

近所同士親しく過ごすと、遠いところにいる親戚より親しくなって互いに助け合って住むようになる。

가까운 남이 먼 일가보다 낫다고, 이웃 분들이 도와줬어요.

遠くの親戚より近くの他人が親しいっていうように、近所の方たちが助けてくれました。

---

002 ▶ 002 ☆☆☆

가는 날이 장날

直訳 行った日が市の立つ日
意味 当てが外れる

뜻풀이 어떤 일을 하려고 하는데 마침 그때 생각하지도 않은 일이 생긴다.

あることをしようとするが、ちょうどその時に予期せぬことが起きる。

오랜만에 외출해서 맛집에 갔는데 가는 날이 장날이라고 가게가 휴일이지 뭐야.

久しぶりに外出しておいしいと噂の店に行ったのに、当てが外れて店休日だったの。

▫ 장날 韓国では葬儀の日も「장날」という。本当は市の日ではなく、葬儀の日だったというのがことわざの由来といわれている。

003 ▶003 ☆☆☆

가는 말에 채찍질

[直訳] 行く馬にむちを打つ

[意味] 駆ける馬にも、順調に行われていることに更に念を入れる

뜻풀이 기세가 한창 좋을 때 더 힘을 가하다. 힘껏 하는 데도 자꾸 더 하라고 한다.

順調に行われていることに更に念を入れる。精一杯やっているのに、さらに追い打ちをかける。

가는 말에 채찍질도 아니고 죽어라 일하는데 실적을 더 올리라는 게 말이 돼?

駆ける馬に鞭を打つじゃあるまいし、死ぬほど働いているのにさらに実績を上げろというのはありえなくない？

004 ▶004 ☆☆☆

가는 말이 고와야 오는 말이 곱다

[直訳] 行く言葉が美しくてこそ、返って来る言葉が美しい

[意味] 売り言葉に買い言葉。魚心あれば水心

뜻풀이 자기가 다른 사람에게 말이나 행동을 좋게 해야 다른 사람도 자기에게 좋게 한다.

自分が相手に対して、言葉や行動をよくすると、相手も自分によくする。

A 왜 다짜고짜 말을 놓고 그래.

何でいきなりため口で言うの？

B 가는 말이 고와야 오는 말이 곱지 않겠어.

売り言葉に買い言葉と言うでしょ。

005 ▶ 005

☆☆☆

가랑비에 옷 젖는 줄 모른다

直訳 小雨で服が濡れるのがわからない
意味 蟻の穴から堤も崩れる。

뜻풀이 아무리 사소한 것이라도 그것이 거듭되면 무시하지 못할 정도로 크게 된다.

どんなに些細なことでもそれが繰り返されると無視できないくらい大きくなる。

가랑비에 옷 젖는 줄 모른다더니 매달 조금씩 들어가는 돈이 꽤 크더라구요.

小雨で服が濡れるのがわからないというように、毎月少しずつの支払いがかなり多額になったんですよ。

006 ▶ 006

☆☆☆

가랑잎이 솔잎더러 바스락거린다고 한다

直訳 落ち葉が松葉に向かってカサカサ音がすると言う
意味 目くそ鼻くそを笑う

뜻풀이 자기의 허물은 생각하지 않고 남의 허물만 나무란다.

自分の欠点を棚に上げ、他人の欠点をあざ笑う。

가랑잎이 솔잎더러 바스락거린다더니 이처럼 자기 허물이 큰 것은 생각하지 못하고 다른 사람의 작은 허물을 비난하면 안 돼죠.

落ち葉が松葉に向かってカサカサ音がすると言うというように、自分の過失が大きいことを棚に上げて、他人の小さい過失を非難してはいけませんよ。

007 ▶ 007 ☆☆☆

가려운 곳을(데를) 긁어 주다

[直訳] かゆいところをかいてくれる
[意味] かゆいところに手が届く

뜻풀이 꼭 알고자 하는 것이나 필요한 것을 충족시켜 주다.
他人が必要なところに気づき、それを満たしてくれる。

A 책을 읽다가 모르는 부분이 있었는데 민수가 알려
줘서 이제 속이 시원해.
本を読んでいて、わからない部分があったけど、ミンス
スが教えてくれてもうすっきりした。

B 민수가 너의 가려운 곳을 긁어 주었구나.
ミンスがあなたの痒いところを掻いてくれたのね。

□ 속이 시원하다 せいせいする、すっきりする

008 ▶ 008 ☆☆☆

가뭄에 콩(씨) 나듯

[直訳] 干ばつに豆が生えるように
[意味] 珍しい事の例え

뜻풀이 아주 드물게 가끔 있다.
ごくまれで、滅多にない。

요즘 그렇게 성실한 사람은 가뭄에 콩 나듯이 드물어요.
近年そのような誠実な人は干ばつに豆が生えるように、ご
くまれですよ。

⭐⭐☆

가재는 게 편

直訳 ザリガニはカニの味方
意味 人は境遇・立場の似た者、自分と関係がある者のほうに
味方するものだ

뜻풀이 사람은 서로 비슷한 처지에 있거나 가까운 사람의 편을 든다.

人は似たような境遇におかれたり、身近な人の肩を持つ。
同じ穴の狢。

A 왜 화난 거야?

なんで怒ってるの？

B 가재는 게 편이라더니 친구가 자기 언니 편을 들잖아.

ザリガニはカニの味方というけど、友達が自分の姉の肩を持つからよ。

⭐⭐☆

가지 많은 나무에 바람 잘 날이 없다

直訳 枝の多い木に風の止む日はない
意味 子供が多い親は心配が尽きないという意味

뜻풀이 자식이 많은 부모에게는 걱정이 항상 많다.

子供の多い親は、常に心配事が多い。

가지 많은 나무에 바람 잘 날이 없다고 우리집은 형제가 많아서 부모님의 걱정이 끊기지 않아요.

枝の多い木は常に風に揺さぶられるように、うちは兄弟が多い分、親の心配事が絶えません。

✏ 제시된 말과 어울리는 표현을 보기에서 골라 쓰세요.

보기	
a. 가까운 남이 먼 일가보다 낫다	b. 가는 날이 장날
c. 가는 말에 채찍질	d. 가는 말이 고와야 오는 말이 곱다
e. 가랑비에 옷 젖는 줄 모른다	f. 가랑잎이 솔잎더러 바스락거린다고 한다
g. 가려운 곳을(데를) 긁어 주다	h. 가뭄에 콩(씨) 나듯
i. 가재는 게 편	j. 가지 많은 나무에 바람 잘 날이 없다

1. 독촉하다. _____

2. 먼 친척보다 가까운 이웃이 좋다. _____

3. 상대방에게 좋게 해야 좋게 돌아온다. _____

4. 뜻하지 않은 일이 생기다. _____

5. 작은 일도 무시할 수 없다. _____

6. 자식 많은 부모는 항상 걱정이 많다. _____

7. 자기 헛점은 생각하지 않고 남만 비난한다. _____

8. 아주 드물다. _____

9. 필요한 것을 충족시켜 주다. _____

10. 비슷한 사람의 편을 든다. _____

011 ▶011

☆☆☆

갈수록 태산

[直訳] 行けば行くほど泰山

[意味] 山また山。一難去ってまた一難

[뜻풀이] 갈수록 더 어려운 상황에 처하다.

ますます難しい状況になる。一難去ってまた一難。

대학만 들어가면 모든 게 풀릴 줄 알았는데 취직도 안 되고 갈수록 태산이다.

大学に入れば、すべてうまくいくと思ったのに、就職もできず、一難さってまた一難だ。

□ 태산（泰山）中国にある大きな山（標高1545m）。大きい山のたとえ。

012 ▶012

☆☆☆

같은 값이면 다홍치마

[直訳] 同じ価格なら真っ赤なスカート

[意味] 同じ値段なら良いものを選ぶという意味

1,500 円   1,500 円

[뜻풀이] 값이나 조건이 같으면 품질이 좋고 보기에 좋은 것을 택한다.

値段や条件が同じなら、品質が良くて見た目の良いものを選ぶ。

같은 값이면 다홍치마라고 제일 예쁜 것으로 주세요.

同じ値段なら、一番きれいなものをください。

013 ▶013 ☆☆☆

개구리 올챙이 적 생각(을) 못 한다

直訳 蛙、おたまじゃくしの頃を忘れる
意味 偉くなって昔の苦労を忘れるというたとえ

뜻풀이 지위나 형편이 과거에 비하여 나아진 사람이 과거의 어려움을 기억하지 못하고 자신이 원래부터 잘난 듯이 뽐낸다.

地位や経済状況が昔に比べて良くなった人が、昔の苦労を忘れて自分は元々偉かったように威張る。

겨우 성공했는데 개구리 올챙이 적 생각 못 하고 돈을 물 쓰듯 흥청망청 쓰고 다닌다.

やっと成功したのに、初心を忘れて、お金を湯水のように使う。

014 ▶014 ☆☆☆

개밥에 도토리

直訳 犬のえさにどんぐり
意味 のけ者

뜻풀이 따돌림을 받아서 사람들 사이에 끼지 못하다.

のけ者にされて仲間に入れない。

신입 말이야. 동기 사이에서도 개밥에 도토리 신세라고 하던데 잘 적응하려나?

新入社員のことだけど、同期の間で仲間外れにされているようだけど大丈夫だろうか。

⭐⭐☆

개천에서 용 난다

直訳 どぶから龍が出る
意味 鳶が鷹を生む

뜻풀이 어려운 환경에서 훌륭한 인물이 나오다.
厳しい環境で立派な人物が出る。

우리는 개천에서 난 용을 보면서 꿈과 희망을 품곤 했
지만 그것도 다 옛말이다.
私たちはどぶからでた龍を思いながら、夢と希望を抱いた
りしたものだが、それももう昔の話だ。

⭐⭐☆

개 팔자가 상팔자

直訳 犬の人生（運勢）が人の人生よりいい
意味 犬の人生が人より良い。働かなくてもいい犬が羨ましい

뜻풀이 자기 팔자가 너무 나빠서 차라리 개 팔자가 더 좋
겠다고 하는 넋두리.
自分の運勢があまりにも悪くて、働かなくてもいい犬が羨
ましいという愚痴。

요즘 반려동물을 보면 말 그대로 개 팔자가 상팔자네.
最近のペットをみれば、言葉通り犬の身分が人間よりいい
よね。

017 ▶017 ☆☆☆

겉 다르고 속 다르다

[直訳] 表と裏が違う

[意味] 陰ひなたがある。心の内ではよく思っていないのに表面 ではよいふりをする

뜻풀이 겉으로 드러나는 행동과 마음속으로 품고 있는 생 각이 서로 다르다.

表で表している行動と心の中の考えが違う。

세상에는 겉 다르고 속 다른 사람들도 많으니 조심해.

世の中には裏表がある人も多いから気をつけて。

018 ▶018 ☆☆☆

게 눈 감추듯

[直訳] カニが目を隠すよう

[意味] 食べ物を瞬く間にぺろりと平らげる様子

뜻풀이 음식을 매우 급하게 먹는다.

食べ物を大変急いで食べている様子。

배가 고팠는지 차려진 음식을 게 눈 감추듯 먹어치웠 어요.

空腹だったのか目の前の食べ物をぺろりと平らげましたよ。

·10·

019 ▶ 019

★★☆

계란으로 바위 치기

直訳 卵で岩を打つ
意味 牛の角を蜂が刺す

뜻풀이 매우 어려운 상황이거나 너무 강한 상대여서 맞서 싸워도 도저히 이길 수 없다.

非常に困難な状況、または、あまりにも強い相手なので、立ち向かい戦っても到底勝つことができない。

계란으로 바위 치기로 네가 힘으로 그 친구를 이기겠다는 건 불가능한 일이야.

卵で岩打撃で、あなたがその友達に力で勝つというのは不可能なことだ。

020 ▶ 020

★★☆

고래 싸움에 새우 등 터진다

直訳 鯨の戦いにエビの背中がやぶれる
意味 強者の戦いに弱者がとばっちりを食う

뜻풀이 강한 자들이 싸우는 틈에서 아무 상관없는 약한 자가 해를 입는다.

強い人同士戦っているのに、関係ない弱い人が被害に遭う。

고래 싸움에 새우 등 터질 수 있으니 자리를 피합시다.

巻き添えになるかも知れないからここを離れましょう。

확인 문제 2 確認問題 2

제시된 말과 어울리는 표현을 보기에서 골라 쓰세요.

보기	
a. 갈수록 태산	b. 같은 값이면 다홍치마
c. 개구리 올챙이 적 생각(을) 못 한다	d. 개밥에 도토리
e. 개천에서 용 난다	f. 개팔자가 상팔자
g. 겉 다르고 속 다르다	h. 게 눈 감추듯
i. 계란으로 바위 치기	j. 고래 싸움에 새우 등 터진다

1. 매우 급하게 먹다. _____

2. 점점 더 어렵다. _____

3. 자기 인생이 너무 힘들어 한탄하다. _____

4. 보기 좋은 것이 더 좋다. _____

5. 따돌림을 받다. _____

6. 젊었을 때 어려움을 잊고 과시하다. _____

7. 어려운 환경에서 훌륭한 사람이 나오다. _____

8. 아무 상관없는 사람이 피해를 본다. _____

9. 상대가 너무 강해 이길 수 없다. _____

10. 행동과 마음이 다르다. _____

021 ▶ 021 ☆☆☆

고생 끝에 낙이 온다

直訳 苦労のあとに楽しみが来る

意味 苦しみに耐えれば必ず良いことがある

뜻풀이 어려운 일이나 고된 일을 겪은 뒤에는 반드시 즐겁고 좋은 일이 생긴다.

難しいことやつらいことを経験した後は、必ず楽しくて良いことがある。

고생 끝에 낙이 온다고 했어요. 절대로 포기하지 마세요.

苦労したあと良いことがあるといいます。絶対あきらめないでください。

022 ▶ 022 ☆☆☆

고생을 사서 하다

直訳 苦労を買ってする

意味 しなくてもよい苦労をする

뜻풀이 하지 않아도 될 일을 공연히 하여 고생을 하게 되다.

しなくてもいいことに苦労を買って出る。

너는 내가 봤을 때 고생을 사서 하는 타입이야.

あなたは私からしてみれば、苦労を買って出るタイプだよ。

· **13** ·

023 ▶ 023
★★★

고슴도치도 제 새끼가 제일 곱다고 한다

[直訳] ハリネズミも自分の子供が一番かわいいという
[意味] 誰しも自分の子供が一番かわいい

[뜻풀이] 부모 눈에는 제 자식이 다 잘나고 귀여워 보인다.
親の目には、自分の子供のことなら、すべて可愛く見える。

고슴도치도 제 새끼가 제일 곱다는 말이 부모가 되고나
서야 이해가 되더라구요.
ハリネズミも自分の子供が一番かわいいという言葉が、親
になってはじめて理解できました。

▷ 새끼 もともと「赤ちゃん」、「子供」という意味。ただし、どちら
かと言うと「「犬や猫等の動物の赤ちゃん」として使う場合が多い。

024 ▶ 024
★☆☆

고양이 목에 방울 달기

[直訳] 猫の首に鈴をつける
[意味] 猫の首に鈴をつけ

[뜻풀이] 실행하기 어려운 것을 헛되게 의논하다.
実行が難しいことを無駄に議論する。

지금 그걸 의논해 보았자 고양이 목에 방울 달기일지
도 몰라요.
今それを議論しても猫の首に鈴すずをつけることになるか
も知れませんよ。

025 ▶ 025 ☆☆☆

고양이 세수하듯

直訳 猫が顔を洗うよう
意味 中途半端に物事をしたり、真似事に終わったりすること

뜻풀이 얼굴에 물만 묻히는 세수식으로 흉내만 내고 그치다.
顔に水だけつけて顔を洗う真似だけしてやめる。

청소를 깨끗이 해야지. 고양이 세수하듯 대충 할 거야?
きれいに掃除しないと。中途半端に終えるつもりなの？

026 ▶ 026 ☆☆☆

고양이 앞에 쥐

直訳 猫の前にねずみ
意味 猫の前のねずみ。へびに見こまれた蛙

뜻풀이 무서운 사람 앞에서 꼼짝 못하다.
怖い人の前で恐ろしさのあまり動けなくなる。

슬프지만 난 우리 와이프 앞에선 고양이 앞에 쥐 신세야.
悲しいけれど、僕は妻の前では猫の前のネズミだよ。

· **15** ·

027 ▶027 ☆☆☆

고양이한테 생선을 맡기다

直訳 猫に魚を預ける
意味 猫に鰹節

뜻풀이 어떤 일이나 사물을 믿지 못할 사람에게 맡겨 놓아 걱정이 들다.

ある事や物を信用できない人に預けたため、心配になる。

A 뭐? 경리 부장이 돈을 빼돌렸다고?

何？経理部長がお金を横領したって？

B 내가 그럴줄 알았어. 고양이한테 생선을 맡긴 꼴이지.

そうなると思ったよ。猫に魚を預けたのと一緒だよ。

028 ▶028 ☆☆☆

고운(예쁜) 자식 매로 키운다

直訳 かわいい子、鞭で育てる
意味 かわいい子には旅をさせよ

뜻풀이 사랑하는 자식일수록 매를 대어 엄하게 키워야 한다.

子供がかわいいほど鞭で叩いて厳しく育てないといけない。

고운 자식 매로 키운다고 하잖아요. 너무 오냐오냐 키우면 버릇이 나빠져요.

かわいい子、鞭で育てると言うでしょう。あまり甘やかすと行儀が悪くなりますよ。

□ 오냐오냐 よしよし、溺愛して育てる様子

· **16** ·

029 ⊙ 029

★★☆

공든 탑이 무너지랴

直訳 念入りに築き上げた塔が崩れることがあろうか
意味 真心を込めてしたことが無駄に終わるようなことは決してない

뜻풀이 정성과 노력을 다하여 한 일은 그 결과가 헛되지 않다.

真心と努力を尽くしてやったことは、その結果が無駄になることはない。

지금까지 최선을 다 했는데 설마 공든 탑이 무너지겠어요.

今まで最善を尽くしてやってきたんだから、まさか無駄になることはないでしょう。

030 ⊙ 030

★★☆

귀가 보배

直訳 耳が宝だ
意味 正式の学問はないが、耳学問だけは立派な人

뜻풀이 배우지 않았으나 얻어들어서 아는 것이 많다.

習ってはいないが耳からの学問で物知りである。

법률을 따로 배우진 않았어도 귀가 보배라고 여기저기서 들은 것이 많아 꽤 잘 안다.

法律を正式にならってはないけど耳が宝であちこちで聞いたことが多く、結構物知りである。

제시된 말과 어울리는 표현을 보기에서 골라 쓰세요.

보기	
a. 고생 끝에 낙이 온다	b. 고생을 사서 하다
c. 고슴도치도 제 새끼가 제일 곱다고 한다	d. 고양이 목에 방울 달기
e. 고양이 세수하듯	f. 고양이 앞에 쥐
g. 고양이한테 생선을 맡기다	h. 고운(예쁜) 자식 매로 키운다
i. 공든 탑이 무너지랴	j. 귀가 보배

1. 흉내만 내다. _____

2. 엄하게 키우다. _____

3. 아는 것이 많다. _____

4. 안 해도 될 일을 하여 고생하다. _____

5. 헛되게 시간을 낭비하다. _____

6. 자기 자식은 다 귀엽다. _____

7. 믿지 못하는 사람에게 일을 맡기다. _____

8. 무서운 사람 앞에서 꼼짝 못 하다. _____

9. 노력한 일은 성공한다. _____

10. 어려운 일 뒤에 좋은 일이 생긴다. _____

031 ▶ 031

☆☆☆

그 아버지(아비)에 그 아들

直訳 その父にその息子

意味 この親にしてこの子あり

뜻풀이 아들이 여러 면에서 아버지를 닮았다.

息子がいろんな面でお父さんに似ている。

피는 못 속인다더니 그 아비에 그 아들이다.

血は争えないと言うが、その父にその息子だ。

> □ 아비 父、親父（おやじ）。目上の人に自分の父親のことを低めて
> 伝える言葉として使われる。

032 ▶ 032

☆☆☆

그림의 떡

直訳 絵の餅

意味 絵に描いた餅

뜻풀이 마음에 들어도 실제로 쓸 수 없거나 가질 수
없다.

気に入っても実際に使ったり、実現する見込みがない。

저 옷은 너무 비싸서 나한테는 그림의 떡이다.

あの服は高すぎて私にとっては絵に描いた餅だ。

033 ▶ 033 ☆☆☆

그물에 든 고기

直訳 網にかかった魚
意味 袋のねずみ。逃げられない状況

뜻풀이 매우 위험하거나 어려운 상황에서 어쩔 수 없음을 나타냄.

大変危険だったり難しい状況のため、どうすることもできない。

계약서에 서명을 한 이상 그물에 든 고기 신세라서 당분간은 소속팀의 규칙에 따라야만 해.

契約書に署名をした以上、網にかかった魚のような恰好だから、しばらくはは所属チームの規則に従わなければならない。

034 ▶ 034 ☆☆☆

긁어 부스럼

直訳 掻いてできたできもの
意味 やぶ蛇

뜻풀이 아무렇지도 않은 일을 괜히 건드려서 크게 만든다.

なんでもないことにいたずらに手を出してかえって自分にとって悪い結果を招く。

괜히 끼어들어서 긁어 부스럼 만들지 말고 가만히 있어.

いたずらに間に入ってやぶ蛇にならないようおとなしくしていて。

035 ☆☆☆

금강산도 식후경

直訳 金剛山も食後の見物

意味 腹が減ってはいくさは出来ぬ。花より団子

뜻풀이 아무리 재미있는 일이라도 배가 불러야 흥이 난다.

どんなに楽しいことでもお腹を満たしてこそ気分が乗る。

관광도 좋지만 우선 밥부터 먹자. 금강산도 식후경이라잖아.

観光も良いけど先にご飯食べよう。花より団子でしょう。

> 금강산 北朝鮮にある山。金剛山はとても景色が綺麗で、韓半島で一番有名な山として知られる。

036 ☆☆☆

길고 짧은 것은 대어(재어) 봐야 안다

直訳 長くて短いところは比べて見ればわかる

意味 物事の違いは実際に比べてみないとわからない

뜻풀이 크고 작고, 이기고 지고, 잘하고 못하는 것은 실제로 해 보거나 겪어 보아야 알 수 있다.

大きい小さい、勝ち負け、上手下手は実際やってみたり経験してこそわかる。

길고 짧은 것은 대어 봐야 알아요. 누가 우승할지 마지막까지 모르는 거예요.

実際やってみないとわからない。誰が優勝するかは最後までわからないものですよ。

037 ▶ 037

★★★

까마귀 날자 배 떨어진다

[直訳] カラスが飛び立つや (いなや) 梨が落ちる
[意味] 全く関係のない2つの事が同時に起きたために思わぬ疑いをかけられる

뜻풀이 우연히 동시에 일이 생겨서 아무 관계없는 사람이 의심을 받다.

偶然同時に生じた出来事で何の関係もない人が疑いをかけられる。

까마귀 날자 배 떨어진다더니 마침 동생이 내 앞에서 우는 바람에 동생 울렸다고 엄마한테 혼났어.

カラスが飛び立つと梨が落ちるというけど、たまたま弟が私の前で泣いたせいで弟を泣かせたとお母さんに怒られちゃった。

038 ▶ 038

★★★

꼬리가 길면 밟힌다

[直訳] 尻尾が長ければ、踏まれる
[意味] 悪い行いや評判は結局知れ渡る

뜻풀이 나쁜 일을 오래 두고 여러 번 계속하면 결국에는 들키고 만다.

ずっと悪事を働いていれば、いずれは捕まる。

A 선생님한테 거짓말한 게 들켜서 혼났어.

先生に頻繁に嘘をついたのがばれて怒られたよ。

B 드디어 걸렸구나. 꼬리가 길면 밟힌다고 하잖아요.

とうとうばれましたね。尻尾が長いと踏まれるものですよ。

039 ▶039 ☆☆☆

꿈보다 해몽이 좋다

> 直訳 夢より夢占いが良い
> 意味 実際に起きた事より有利に言い逃れをして解釈する。
> プラス思考

> 뜻풀이 하찮거나 마음에 들지 않는 일을 좋게 풀이하다.
> 良くないことや気に入らないことを都合よく解釈する。

A 낭떨어지에서 떨어지는 꿈을 꾸었는데 나쁜일은 모두 사라지고 좋은 결실을 맺을 꿈이라고 하네요.
　崖から落ちる夢を見たんですけど、悪い事は全て消えて 良い結果になる夢だといわれました。

B 꿈보다 해몽이 좋아요.
　夢より夢占いが良いですね。

040 ▶040 ☆☆☆

꿩 대신 닭

> 直訳 キジの代わりに鶏
> 意味 似たもので代用すること

> 뜻풀이 꼭 적당한 것이 없을 때 그와 비슷한 것으로 대신하다.
> ちょうど良いものがない時に、それに似たもので代用する。

해외여행이 어려워지면서 꿩 대신 닭이라고 국내 여행 이 늘어나고 있습니다.
海外旅行が難しくなり、キジの代わりに鶏と言うように、 国内旅行が増えています。

✎ 제시된 말과 어울리는 표현을 보기에서 골라 쓰세요.

보기	
a. 그 아버지에 그 아들	b. 그림의 떡
c. 그물에 든 고기	d. 긁어 부스럼
e. 금강산도 식후경	f. 길고 짧은 것은 대어(재어) 보아야 안다
g. 까마귀 날자 배 떨어진다	h. 꼬리가 길면 밟힌다
i. 꿈보다 해몽이 좋다	j. 꿩 대신 닭

1. 비현실적이다.   _____

2. 대신하다.   _____

3. 부자가 닮았다.   _____

4. 어려운 상황에서 꼼짝 못 하다.   _____

5. 좋게 생각하다.   _____

6. 일을 크게 만들다.   _____

7. 해 봐야 알 수 있다.   _____

8. 먼저 배가 불러야 흥이 난다.   _____

9. 관계없는 사람이 피해를 보다.   _____

10. 나쁜 일을 오래하면 결국에는 들킨다. _____

041 ▶041

☆☆☆

꿩 먹고 알 먹기

直訳 キジを食べて卵を食べる

意味 一挙両得。一石二鳥

뜻풀이 한 가지 일로 두 가지 이상의 이익을 보다.

一つのことで二つ以上の利益を得る。

식당에서 아르바이트 하니까 돈도 벌고 맛있는 밥도 꽁짜로 먹고 꿩 먹고 알 먹기지.

食堂でアルバイトをするから金も稼げるし、おいしいご飯も食べられて一石二鳥だね。

042 ▶042

☆☆☆

남의 밥에 든 콩이 굵어 보인다

直訳 他人のごはんに入っている豆が大きく見える

意味 隣の芝生は青い

뜻풀이 내 것보다 다른 사람의 것이 더 좋게 느껴진다.

自分の物より他人の物のほうがよりよく感じる。

A 똑같은 거 주문했는데 저쪽이 양이 더 많은 거 아냐?

同じものを注文したのに、あっちの量が多くない？

B 원래 남의 밥에 든 콩이 굵어 보이는 법이야.

元々隣の芝生は青く見えるものだよ。

043 ▶043

⭐⭐⭐

남의 잔치에 감 놓아라 배 놓아라 한다

直訳 他人の宴会に柿を置け、梨を置けと言う
意味 人の頼まぬ経を読む

뜻풀이 다른 사람의 일에 이래라 저래라 간섭한다.

他人のことにああしろこうしろと余計な口出しをする。

조용히 하세요. 남의 잔치에 감 놓아라 배 놓아라 하면 다들 싫어합니다.

静かにしてください。人のことに余計な口出しをするとみんなに嫌われます。

044 ▶044

⭐⭐⭐

낫 놓고 기역 자도 모른다

直訳 鎌を目の前に置いてㄱ（기역）の文字も知らない
意味 一丁字の知らず。いろはのいも知らない。何も知らない

뜻풀이 매우 무식하다.

全く無知だ。

저는 컴퓨터 프로그래밍에 대해서는 낫 놓고 기역 자도 모르는 깜깜무식이에요.

私はコンピュータプログラミングについては、大変無知です。

▫ 깜깜무식 何も知らない無知の状態を指す。

낮말은 새가 듣고 밤말은 쥐가 듣는다

☆☆☆

直訳 昼間に語る話は鳥が聞き、夜に語る話はネズミが聞く
意味 壁に耳あり障子に目あり

뜻풀이 아무도 없는 곳에서 조심스럽게 한 말이라도 반드시 남의 귀에 들어가게 된다.

誰もいない所で気をつけて言ったつもりでも必ず人の耳に入るようになる。

낮말은 새가 듣고 밤말은 쥐가 듣는다고 말조심하세요.

壁に耳あり障子に目ありというので、言葉遣いには気を付けてください。

내 손에 장을 지지겠다

☆☆☆

直訳 私の手を利用して醤油をわかす
意味 そんなことは絶対にないと強く否定する

뜻풀이 모진 일을 담보로 해서 자기가 옳다는 것을 장담하다.

ひどいことを例にあげてでも自分の考えが正しいということを強く主張する。

A 정말로 내일 눈 안 오는 게 확실해?

本当に明日雪降らないのは確かなの？

B 그래, 나만 믿으라니까. 만약에 내일 눈이 오면 내 손에 장을 지질게.

そうだよ。私を信じて。明日雪が降ることは絶対にないって自信があるから。

047 ▷ 047 ★★★

내 코가 석 자

| 直訳 | 私の鼻水が三尺 |
| 意味 | 自分のことで精一杯だ、人に構う余裕がない |

뜻풀이 내 사정이 급하고 어려워서 남을 돌볼 여유가 없다.
自分の状況が悪く、人の面倒をみる余裕がない。

사정은 알지만 지금은 내 코가 석 자라 도와드릴 수가 없네요.
事情は分かりますが、今は自分のことで精一杯で、面倒をみる余裕がないんです。

▫ 내 코가 석자 の코は鼻水を意味する。

048 ▷ 048 ★★★

누워서 떡 먹기

| 直訳 | 寝て餅食べる |
| 意味 | 朝飯前 |

뜻풀이 매우 쉬운 일.
非常にやりやすいこと。

A 오늘 시험 어땠어?
今日のテストどうだった？

B 나한테는 누워서 떡 먹기였어.
私にとっては朝飯前だった。

049 ▶ 049

☆☆☆

누워서 침 뱉기

直訳 寝て唾をはく
意味 天に唾する

뜻풀이 자신이 한 나쁜 행동의 결과가 자신에게 나쁘게
돌아오다.
自分がした悪い行動の結果が、逆に自分に災いを招く。

가족의 흉을 보는 건 누워서 침 뱉기나 마찬가지다.
家族の悪口を言うのは、天に唾するのと同じである。

050 ▶ 050

☆☆☆

누이 좋고 매부 좋다

直訳 姉（や妹）良く夫良い
意味 双方にとって得

뜻풀이 어떤 일이나 상황이 서로에게 다 이롭고 좋다.
ある出来事や状況が互いにとって有益でよい。

**공동구매 네트워크를 이용해 같이 사면 좀 더 절약할
수 있어. 즉, 누이 좋고 매부 좋다는 거야.**
共同購買ネットワークを利用して一緒に買うともっと節約で
きるよ。つまり、お互い得するってこと。

확인 문제 5 確認問題 5

제시된 말과 어울리는 표현을 보기에서 골라 쓰세요.

보기	
a. 꿩 먹고 알 먹기	b. 남의 밥에 든 콩이 굵어 보인다
c. 남의 잔치에 감 놓아라 배 놓아라 한다	d. 낫 놓고 기역 자도 모른다
e. 낮말은 새가 듣고 밤말은 쥐가 듣는다	f. 내 손에 장을 지지겠다
g. 내 코가 석 자	h. 누워서 떡 먹기
i. 누워서 침 뱉기	j. 누이 좋고 매부 좋다

1. 두 가지 이상의 이익을 보다. _____

2. 무식하다. _____

3. 확신하다. _____

4. 남의 것이 더 좋게 느껴진다. _____

5. 서로에게 좋다. _____

6. 간섭하다. _____

7. 여유가 없다. _____

8. 매우 쉽다. _____

9. 말은 항상 조심해야 한다. _____

10. 나쁜 행동을 하면 그대로 돌아온다. _____

051 ▶ 051 ☆☆☆

눈에 넣어도 아프지 않다

[直訳] 目に入れても痛くない

[意味] 目の中に入れても痛くない

[뜻풀이] 매우 사랑스럽고 귀엽다.

大変愛おしくて可愛い。

우리 엄마는 나를 눈에 넣어도 아프지 않은 딸이라고
했다.

母は私を大変可愛がっていて目に入れても痛くないといっ
てくれた。

052 ▶ 052 ☆☆☆

다 된 죽에 코 풀기

[直訳] すっかりできあがった粥に鼻をかむ

[意味] 完成したことを台無しにする

[뜻풀이] 거의 다 된 일을 어이없이 망쳐 버리다.

ほぼ出来上がったことをあっけなく壊してしまう。

다 된 죽에 코 푸는 일 없게 끝까지 절대 방심하지마.

できあがった粥に鼻をかむことがないように、最後まで絶
対油断しちゃだめだよ。

053 ▶ 053 ☆☆☆

달면 삼키고 쓰면 뱉는다

直訳 甘ければ呑み込み、苦ければ吐き出す
意味 炎にして付き寒にして棄つ

뜻풀이 옳고 그름이나 신의를 돌보지 않고 자기의 이익만 따지다.

善悪や真偽を確かめず、自分の利益だけを求める。

달면 삼키고 쓰면 뱉는다고 요즘 내가 돈이 없다고 친구들이 날 멀리하는 거 같아 서운해요.

甘ければ呑み込み、苦ければ吐き出すというように、最近私にお金がないからと友達が私と距離をとっているようで寂しい。

054 ▶ 054 ☆☆☆

닭 쫓던 개 지붕 쳐다보듯 한다

直訳 鶏を追っていた犬が屋根を見つめる
意味 せっかく頑張ってきたことがうまくいかなくなって、どうすることもできない

뜻풀이 노력하여 하던 일이 실패하자 실망해 기운을 잃다.

努力していたことが失敗するや、失望し、力を落とす。

5년이나 노력했던 일이 실패로 돌아가다니 닭 쫓던 개 지붕 쳐다보듯 한 심경입니다.

５年も努力してきたことが結局失敗してしまったので、鶏を追っていた犬が屋根を見つめるような心境です。

055 ⭐⭐☆

더도 말고 덜도 말고 늘 한가위만 같아라

[直訳] 多くもなく、少なくもなく、中秋ほどであれ
[意味] いつでも豊かによく食べよく生きれたら良い

[뜻풀이] 모든 것이 한가위 때만큼만 풍성해서 사는 것이 편안했으면 좋겠다.
全てのことが旧盆である中秋の時くらい豊かで、暮らしが楽であったら良い。

추석에는 "더도 말고 덜도 말고 늘 한가위만 같아라"는 덕담을 많이 주고 받습니다.
秋夕には「多くもなく、少なくもなく、中秋ほどであれ」という祝いのことばをよく交わします。

056 ⭐⭐☆

도둑이 제 발 저린다

[直訳] 泥棒は自分の足がしびれる
[意味] 後ろ暗ければ尻餅つく

[뜻풀이] 지은 죄가 있으면 자연히 마음이 조마조마해진다.
犯した罪があれば、自然と気持ちがハラハラする。

도둑이 제 발 저린다고, 그는 경찰을 보는 순간 뜨끔했다.
泥棒は自分の足がしびれるというように、彼は警察にあった瞬間ドキッとしたようだ。

057 ▶ 057

★★★

도랑 치고 가재 잡는다

直訳 溝の掃除をして、ざりがにを取る

意味 一挙両得、一石二鳥。事の順序が間違っていること

뜻풀이 돌을 들어내다가 운 좋게 가재를 잡는 것처럼, 한 번에 두 가지 이익을 얻는다. 또는 일의 순서가 바뀌어서 애쓴 보람이 없다.

石を運び出すと運良くザリガニが捕れるように、一度に二つの利益を得る。事の順序が逆で努力した甲斐がない。

이번 주말에 집청소 해라. 집도 깨끗해지고 용돈도 받고 도랑 치고 가재 잡는 거 아니겠니?

共同購買ネットワークを利用して一緒に買うともっと節約できるよ。つまり、お互い得するってこと。

058 ▶ 058

★★★

도마 위에(도마에) 오른 고기

直訳 まな板の上におかれた魚

意味 まな板の鯉

뜻풀이 이미 잡혀 옴짝달싹 못 하고 죽을 지경에 빠지다.

逃げ場のない絶体絶命の危険な状況に陥る。

연예인이 반려견 에티켓 문제로 한동안 도마에 오른 고기가 되었다.

芸能人がペットのエチケット問題で、しばらくまな板の鯉となった。

059 ▶ 059

☆☆☆

도토리 키 재기

直訳 どんぐりの背比べ

意味 どんぐりの背比べ

뜻풀이 서로 비슷비슷한 사람끼리 자기가 더 낫다고 다투다.

互いに似たり寄ったりの人同士が自分の方がもっとましだと揉める。

민수와 수지가 서로 잘났다고 자랑하는데 어차피 도토리 키 재기지 뭐.

ミンスとスジが自分の方が優れていると自慢しているけど、どうせどんぐりの背比べにすぎない。

060 ▶ 060

☆☆☆

독 안에 든 쥐

直訳 カメの中に入ったネズミ

意味 袋のねずみ

뜻풀이 곤란하고 어려운 상황에서 벗어날 수 없는 처지에 있다.

困っていて難しい状況から逃げ出すことができない状態である。

막다른 골목에 몰린 도둑은 독 안에 든 쥐와 같은 신세가 되었다.

行き止まりに追い込まれた泥棒は袋の中のネズミ同様だった。

확인 문제 6 確認問題 6

제시된 말과 어울리는 표현을 보기에서 골라 쓰세요.

보기	
a. 눈에 넣어도 아프지 않다	b. 다 된 죽에 코 풀기
c. 달면 삼키고 쓰면 뱉는다	d. 닭 쫓던 개 지붕 쳐다보듯 한다
e. 더도 말고 덜도 말고 늘 한가위만 같아라	f. 도둑이 제 발 저린다
g. 도랑 치고 가재 잡는다	h. 도마 위에(도마에) 오른 고기
i. 도토리 키 재기	j. 독 안에 든 쥐

1. 허탈하다.　　　　　　　　　　　＿＿＿＿＿＿＿＿＿

2. 매우 사랑스럽다.　　　　　　　　＿＿＿＿＿＿＿＿＿

3. 비슷비슷하다.　　　　　　　　　　＿＿＿＿＿＿＿＿＿

4. 자기 이익만 생각한다.　　　　　　＿＿＿＿＿＿＿＿＿

5. 위험한 상황에 빠지다.　　　　　　＿＿＿＿＿＿＿＿＿

6. 언제나 풍족하길 바라다.　　　　　＿＿＿＿＿＿＿＿＿

7. 도망가지 못 하다.　　　　　　　　＿＿＿＿＿＿＿＿＿

8. 일을 망치다.　　　　　　　　　　　＿＿＿＿＿＿＿＿＿

9. 죄를 지으면 불안하다.　　　　　　＿＿＿＿＿＿＿＿＿

10. 한꺼번에 두 가지 이익을 얻는다.　＿＿＿＿＿＿＿＿＿

061 061 ☆☆☆

돌다리도 두들겨 보고 건너라

直訳 石橋も叩いてみて渡れ

意味 石橋を叩いて渡る

뜻풀이 잘 아는 일이라도 세심하게 주의해야 한다.

良く知っていてもこと細かく注意する必要がある。

옛말에 돌다리도 두들겨 보고 건너라고 했어. 이번 계약은 신중히 진행해야 해.

昔から石橋も叩いて渡れと言うでしょう。今回の契約は慎重に進めないと。

062 062 ☆☆☆

둘이 먹다 하나(가) 죽어도 모르겠다

直訳 二人で食べていて一人が死んでもわからない

意味 ほっぺが落ちる

뜻풀이 음식이 아주 맛있다.

料理が大変おいしい。

소문대로 둘이 먹다 하나가 죽어도 모를 정도로 정말 맛있네.

噂通り、二人が食べていて、一人が死んでもわからないくらいどおいしいね。

063 ▶063 ☆☆☆

등잔 밑이 어둡다

直訳 灯盞（油皿）の下が暗い
意味 灯台もと暗し

뜻풀이 가까이 있어서 오히려 잘 알기 어렵다.
近すぎてかえって気づかない。

등잔 밑이 어둡다더니 바로 옆에 두고 찾지 못했구나.
灯台下暗しというが、すぐ近くにあったのに気がつかなかった。

064 ▶064 ☆☆☆

땅 짚고 헤엄치기

直訳 地面に手をついて泳ぐ
意味 朝飯前

뜻풀이 아주 쉬운 일.
非常にたやすいこと。

A 이거 꼭 내가 해야 돼?
これ必ず私がしないといけない？

B 응. 너한테는 땅 짚고 헤엄치기잖아. 금방 끝날 거야.
うん。君にとっては簡単なことじゃん。すぐに済むよ。

065

⟨`>` 065⟩

☆☆☆

떡 줄 사람은 꿈도 안 꾸는데 김칫국부터 마신다

直訳 餅あげる人は夢も見ていないのにキムチ汁を先に飲む

意味 とらぬ狸の皮算用

뜻풀이 해 줄 사람은 생각지도 않는데 미리부터 해 줄 것이라고 알고 행동한다.

相手がやってあげようという考えもないのに、先にしてくれるだろうと思って行動する。

A 이 가게 오픈하면 바로 대박날 거 같지 않니?

この店オープンしたらすぐにも繁盛しそうじゃない？

B 그러면 좋은데, 떡 줄 사람은 꿈도 안 꾸는데 김칫국부터 마시는 거 아닌지 모르겠다.

それならいいけど、捕らぬ狸の皮算用にならないかな。

066

⟨`>` 066⟩

☆☆☆

뛰는 놈 위에 나는 놈 있다

直訳 走る者の上に飛ぶ者がいる

意味 上には上がいる

뜻풀이 아무리 어떤 것에 뛰어나도 더 뛰어난 사람이 있으니 자만하면 안 된다.

あることにどんなに優れていても、さらに優れた人がいるので自慢してはならない。

뛰는 놈 위에 나는 놈이 있다는 걸 이번 시합을 통해 반드시 보여줄 겁니다.

上には上がいるというのを今回の試合を通して必ず見せてやるつもりです。

067 ▶ 067 ☆☆☆

마른 하늘에 날벼락

直訳 晴れ空に雷

意味 青天のへきれき

뜻풀이 예상치 못하게 갑자기 당하는 재난.

予期せぬ突然起こる災難。

지난주에 만났던 분이 갑자기 돌아가셨다네요. 마른 하늘에 날벼락도 아니고 너무 놀랐어요.

先週あった方が亡くなられたと聞きました。青天のへきれきで本当にびっくりしました。

068 ▶ 068 ☆☆☆

말이 씨가 된다

直訳 言葉が種になる

意味 言っていることがそのようになってしまうこと

뜻풀이 나쁜 쪽으로 말을 하다 보면 그대로 이루어질 수도 있다.

悪い方へ言い続けると、そのようになってしまいかねない。

A 우리 이러다가 길 잃어버리는 거 아냐?

私たちこのままでは道に迷ってしまうんじゃない？

B 말이 씨가 된다고 그런 말은 하지 마.

言うことがその通りになってしまいかねないからそんなこと言わないで。

069 ▶069 ☆☆☆

모르면 약이요 아는 게 병

直訳 知らぬは薬、知れば病

意味 知らぬが仏

뜻풀이 아무것도 모르면 마음이 편하고 좋지만, 무엇을 좀 알고 있으면 그것 때문에 걱정이 생겨 오히려 좋지 않다.

何も知らなければ気持ちは楽でいいが、何か少し知っていると、そのせいで心配するのでむしろ良くない。

A 무슨 고민 있는 거 같은데 털어나 봐.

何か悩みでもあるようだけど言ってみて。

B 아냐, 넌 모르는 게 약이야. 신경 쓰지 마.

いや、あなたは知らぬが仏のままのほうがいいよ。気にしないで。

070 ▶070 ☆☆☆

목구멍이 포도청

直訳 のどが捕盗庁（李朝時代の警察）

意味 食うためには悪いこともせざるを得ない

뜻풀이 먹고살기 위해서 해서는 안 될 짓까지 할 수밖에 없다.

生きていくためには、やってはならないことまでするしかない。

조건이 별로라도 목구멍이 포도청이라 뭐든 해야지.

条件がいまいちでも生きていくために何でもしなきゃ。

✎ 제시된 말과 어울리는 표현을 보기에서 골라 쓰세요.

보기	
a. 돌다리도 두들겨 보고 건너라	b. 둘이 먹다 하나(가) 죽어도 모르겠다
c. 등잔 밑이 어둡다	d. 땅 짚고 헤엄치기
e. 떡 줄 사람은 꿈도 안 꾸는데 김칫국 부터 마신다	f. 뛰는 놈 위에 나는 놈 있다
g. 마른 하늘에 날벼락	h. 말이 씨가 된다
i. 모르면 약이요 아는 게 병	j. 목구멍이 포도청

1. 세심하게 주의하다. _____

2. 아주 쉽다. _____

3. 미리부터 기대한다. _____

4. 아주 맛있다. _____

5. 나쁜 쪽으로 말하면 그대로 된다. _____

6. 모르면 차라리 마음이 편하다. _____

7. 갑자기 재난을 당하다. _____

8. 너무 가까우면 찾기 힘들다. _____

9. 자만하면 안 된다. _____

10. 가난하다. _____

071 ▶071 ☆☆☆

무소식이 희소식

直訳 無消息が吉報
意味 便りのないのはよい便り

뜻풀이 아무 소식이 없는 것은 별일이 없다는 뜻이니 기쁜 소식이나 다름없다.

何の知らせもないことは、変わったことがないという意味なので嬉しい知らせと同じだ。

A 유학 간 친구한테서 연락왔어?.

留学に行った友人から連絡あった？

B 아니, 걱정이긴한데 무소식이 희소식이라고 생각하기로 했어.

いや、心配だけど、便りのないのはよい便りだと思うようにしている。

072 ▶072 ☆☆☆

물 위의 기름

直訳 水の上の油
意味 水と油

뜻풀이 서로 어울리지 못하는 사이.

互いに仲良くできない間柄。

둘은 같은 학교 출신이지만 물 위의 기름 같은 사이야.

二人は同じ学校の出身だけど、水の上の油のような関係だよ。

073 ▶073

물에 빠지면 지푸라기라도 잡는다

[直訳] 水に溺れたら藁でもつかむ

[意味] 溺れる者は藁をも掴む

뜻풀이 절망적이고 위급한 상황에서는 이를 극복하기 위해서 어떤 행동이라도 가리지 않고 한다.

絶望的で危険な状況では、これを克服するために、どのような行動も選ばないものだ。

A 자존심이 강한 상호가 나한테 돈을 빌려 달래.

プライドが高いサンホが私にお金を貸してくれって。

B 물에 빠지면 지푸라기라도 잡는다고 정말 급했나 보다.

溺れる者は藁をも掴むというけどかなり逼迫していたみたいだね。

074 ▶074

☆☆☆

물이 깊어야 고기가 모인다

[直訳] 水が深ければこそ魚が集まる

[意味] 徳の高い人のところには多くの人が寄って来る

뜻풀이 자기에게 덕망이 있어야 사람들이 따르게 된다.

自分に徳のあると多くの人が集まってくる。

물이 깊어야 고기가 모인다고, 사장님의 인망이 높아서 우수한 사원이 많이 들어오고 영업실적도 많이 좋아졌어.

徳の高い人のところには多くの人が集まってくるというけど、社長の人望が厚く、優秀な社員がたくさん集まって営業実績もかなり伸びたよ。

075 ▶075

믿는 도끼에 발등 찍힌다

☆☆☆

直訳 斧で自分の足の甲を切る
意味 他人を負かそうとしてやったことが結局は自分の首を締めることになる

뜻풀이 잘될 것이라고 생각한 일이 잘되지 않거나 믿었던 사람이 배신을 하여 해를 입다.

うまくいくだろうと思ったことが、うまくいかなかったり、信じた人に裏切られ被害を受ける。

믿는 도끼에 발등 찍힌다고들 하는데 저도 얼마전에 친구한테 사기 당했어요.

信じたものに裏切られるというか、私もこの間友達に詐欺にあったんです。

076 ▶076

밑 빠진 독에 물 붓기

☆☆☆

直訳 底の抜けたかめに水をそそぐ
意味 焼け石に水

뜻풀이 아무리 노력해도 보람이 없이 헛된 일이 되다.

いくら努力しても、やりがいのない無駄なことになる。

낭비가 심한 그에게 돈을 주는 것은 밑 빠진 독에 물 붓기와 같다.

浪費が甚だしい彼にお金をあげるのは焼け石に水と同じだ。

· 45 ·

077 ▶077 ☆☆☆

바늘 가는 데 실이 간다

直訳 針の行くところに糸が行く
意味 影の形に従うがごとし

뜻풀이 사이가 긴밀해서 언제나 함께 다닌다.
関係が緊密でいつも一緒に動く。

A 오늘 미팅 같이 갈 거야?
今日の合コン、一緒に行く？

B 그럼, 바늘 가는 데 실이 가야잖아.
もちろん、針には糸がないと。

078 ▶078 ☆☆☆

바늘방석에 앉은 것 같다

直訳 針山に座ったようだ
意味 針のむしろ

뜻풀이 앉아 있기가 몹시 거북하고 불안한 자리.
座っていることが大変居心地悪く居づらい。

오늘 아침에 중요한 회의가 있었는데 늦잠을 자서 늦어버렸다. 회의시간 내내 바늘방석에 앉아 있는 것 같은 기분이었다.

今日朝から重要な会議があったのに、寝坊して遅れてしまった。会議中はずっと針のむしろに座る思いだった。

발 없는 말이 천 리 간다

★★☆

直訳 足のない言葉が千里を行く

意味 人の口に戸は立てられぬ

뜻풀이 한 번 한 말은 순식간에 멀리 퍼진다.

一度言った言葉はあっという間に遠くに広がる。

발 없는 말이 천 리 간다더니, 소문이 벌써 거기까지 퍼졌니.

人の口に戸は立てられぬだね。噂がもうそこまで広まったの？

발등에 불이 떨어지다(붙다)

★★☆

直訳 足の甲に火が落ちる（つく）

意味 尻に火が付く

뜻풀이 일이 몹시 급박하게 닥치다.

事態が大変差し迫っている。

A 내일이 시험인데 어떡하지?

明日が試験だけどどうしよう。

B 넌 발등에 불이 떨어져야 공부하지.

君は尻に火が付かないと勉強しないんだね。

확인 문제 8 確認問題 8

제시된 말과 어울리는 표현을 보기에서 골라 쓰세요.

보기	
a. 무소식이 희소식	b. 물 위의 기름
c. 물에 빠지면 지푸라기라도 잡는다	d. 물이 깊어야 고기가 모인다
e. 믿는 도끼에 발등 찍힌다	f. 밑 빠진 독에 물 붓기
g. 바늘 가는 데 실이 간다	h. 바늘방석에 앉은 것 같다
i. 발 없는 말이 천 리 간다	j. 발등에 불이 떨어지다(붙다)

1. 서로 안 어울리다.　　　　　　　　＿＿＿＿＿＿＿＿＿＿

2. 붙어다니다.　　　　　　　　　　　＿＿＿＿＿＿＿＿＿＿

3. 몹시 불편하다.　　　　　　　　　　＿＿＿＿＿＿＿＿＿＿

4. 소식이 없는 것이 좋은 소식이다.　　＿＿＿＿＿＿＿＿＿＿

5. 급한 상황에서는 어떤 일이라도 한다.　＿＿＿＿＿＿＿＿＿＿

6. 덕이 많아야 사람이 따른다.　　　　　＿＿＿＿＿＿＿＿＿＿

7. 배신당하다.　　　　　　　　　　　＿＿＿＿＿＿＿＿＿＿

8. 소문이 나다.　　　　　　　　　　　＿＿＿＿＿＿＿＿＿＿

9. 급하다.　　　　　　　　　　　　　＿＿＿＿＿＿＿＿＿＿

10. 노력해도 보람이 없다.　　　　　　＿＿＿＿＿＿＿＿＿＿

081 ▶ 081 ☆☆☆

배보다 배꼽이 더 크다

直訳 腹よりへその方が大きい

意味 本末転倒

뜻풀이 주된 것보다 그것에 딸린 것에 드는 돈이나 노력 등이 더 많이 든다.
主なものより、それに付いたものに多くのお金や努力が要る。

A 투어보다 캔슬요금이 더 비쌌지 뭐야.
　ツアーよりキャンセル料金がもっと高くついたよ。

B 배보다 배꼽이 더 크네.
　本末転倒だね。

082 ▶ 082 ☆☆☆

백 번 듣는 것이 한 번 보는 것만 못하다

直訳 百回聞くことは一回見ることに及ばない

意味 百聞は一見にしかず

뜻풀이 듣기만 하는 것보다는 직접 보는 것이 확실하다.
聞くだけよりも直接見た方が確実だ。

백 번 듣는 것이 한 번 보는 것만 못하다고 하니, 기회가 되면 현지에 가 보자.
百聞は一見にしかずと言うから機会があれば現地に行ってみよう。

083 ▶ 083 ☆☆☆

백지장도 맞들면 낫다

[直訳] 紙一枚でも一緒に持てば軽い

[意味] たやすいことでも協力してすればよりたやすい

뜻풀이 아무리 적은 힘이라도 모이면 큰 힘이 될 수 있다.

いくらたやすいことでも協力してやるともっと大きい力になれる。

이리 좀 와 봐. 금방 끝날 거 같긴 한데 백지장도 맞들면 낫다고 같이 하자.

ちょっとこっち来て。すぐ終わりそうだけど、紙一枚でも力を合わせて持てば軽いで、一緒にしよう。

084 ▶ 084 ☆☆☆

범에게 날개

[直訳] 虎に翼

[意味] 鬼に金棒

뜻풀이 힘이나 능력이 있는 사람이 더욱 힘을 얻게 된다.

力や能力のある人がもっと力を得る。

원래 돈이 많은데다 이번 선거에서 정치적인 힘까지 생겼으니 범에게 날개를 달아준 격이죠.

もともと金があって、今回の選挙でさらに政治的な力も持つことになったから、鬼に金棒です。

085 ▶ 085 ☆☆☆

벼 이삭은 익을수록 고개를 숙인다

[直訳] 稲穂は実るほど頭を下げる
[意味] 実るほど頭の下がる稲穂かな

[뜻풀이] 능력이 뛰어나거나 높은 위치에 있는 사람일수록 겸손하다.

能力が秀でていたり、高い地位にいる人ほど謙虚だ。

벼는 익을수록 고개를 숙인다고 하더니 역시 선생님이 다르긴 다르네. 전혀 잘 난체하지 않아.

稲穂は実るほど頭を下げるというけど、やっぱり先生は違うね。全く偉ぶってないよ。

086 ▶ 086 ☆☆☆

벼룩의 간을 내먹는다

[直訳] 蚤の肝臓を出して食べる
[意味] 貧乏な人から何かを奪う

[뜻풀이] 어려운 처지에 있는 사람에게서 이익을 취하다.

難しい境遇にいる人から利益を得る。

그렇지 않아도 생활이 어려운데 집세까지 올리다니, 벼룩의 간을 내먹는 거나 마찬가지다.

ただでさえ生活が苦しいのに家賃まで上げるなんて、弱いものから搾取するのと変わらない。

087 ▶087

⭐⭐⭐

병 주고 약 준다

直訳 病を与えて薬を与える

意味 人に害を及ぼしたのちに、助けるふりをする

뜻풀이 다른 사람에게 피해를 주고 나서 도움을 주는
척한다.

人に害を及ぼしてから助けるふりをする。

A 아까는 화내서 미안해. 대신에 밥 살게.
　先は怒ってごめん。代わりにご飯おごるよ。

B 뭐? 지금 병주고 약 주니?
　何って？病気を与えておいて薬？

088 ▶088

⭐⭐⭐

보기 좋은 떡이 먹기도 좋다

直訳 見かけのよい餅は食べやすい

意味 見かけがよければ中身もよい

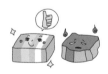

뜻풀이 내용뿐 아니라 겉모양을 좋게 하는 것도 필요
하다.

中身だけでなく、外見を良くするのも必要だ。

보기 좋은 떡이 먹기도 좋다고 이왕이면 음식도 먹음
직스럽게 담아보자.

見かけよければ中身よしと、どうせなら料理も見栄え良く
盛ろう。

089 ▶089 ☆☆☆
불난 집에 부채질한다

直訳 火が出た家を扇であおぐ
意味 火に油を注ぐ

뜻풀이 남의 재앙을 점점 더 커지도록 만들거나 화난 사람을 더욱 화나게 한다.
人の災いをさらに大きくしたり、怒った人をさらに怒らせたりする。

A 나 남자친구 생겼어. 넌 어제 헤어졌다며?
　私彼氏できたよ。あなたは昨日別れたんだって？

B 지금 불난 집에 부채질하니?
　今火に油を注いでるの？

090 ▶090 ☆☆☆
비 온 뒤에 땅이 굳어진다

直訳 雨が降った後の地面が硬くなる
意味 雨降って地固まる

뜻풀이 어려운 일을 경험한 뒤에 더 강해진다.
つらい経験をした後にさらに強くなる。

A 두 사람 틈만 나면 싸우더니 요즘은 사이가 좋은가 봐?
　二人はしょっちゅう喧嘩してたのに最近は仲が良さそうだね。

B 비 온 뒤에 땅 굳어진다고 하잖아.
　雨降って地固まると言うでしょう。

🖊 제시된 말과 어울리는 표현을 보기에서 골라 쓰세요.

보기	
a. 배보다 배꼽이 더 크다	b. 백 번 듣는 것이 한 번 보는 것만 못하다
c. 백지장도 맞들면 낫다	d. 범에게 날개
e. 벼 이삭은 익을수록 고개를 숙인다	f. 벼룩의 간을 내먹는다
g. 병 주고 약 준다	h. 보기 좋은 떡이 먹기도 좋다
i. 불난 집에 부채질한다	j. 비 온 뒤에 땅이 굳어진다

1. 직접 보는 것이 더 낫다. _____

2. 주된 것보다 딸린 것이 더 크다. _____

3. 협력하면 큰 힘이 되다. _____

4. 더욱 힘을 얻다. _____

5. 겸손하다. _____

6. 관계가 단단해지다. _____

7. 피해를 주고 돕는 척하다. _____

8. 겉모양 또한 중요하다. _____

9. 약한 사람을 착취하다. _____

10. 부추기다. _____

091 ▶091 ☆☆☆

빈 수레가 더 요란하다

[直訳] 空車のほうがうるさい
[意味] 中身のない人間ほど知ったかぶりをして騒ぐ

[뜻풀이] 실력이나 재물 등 가진 것이 없는 사람이 오히려 더 요란하게 떠들어댄다.

実力や財産などを持っていない人が、かえってやかましく騒ぎたてる。

빈 수레가 더 요란한 법이라고 자기 자랑을 끝없이 늘어놓는 사람치고 괜찮은 사람 못 봤다.

空車のほうがうるさいと、自慢を延々と並べる人にまともな人見たことがない。

092 ▶092 ☆☆☆

빛 좋은 개살구

[直訳] 色の良いマシュウアンズ
[意味] 見かけ倒し

[뜻풀이] 겉으로 보기에는 좋으나 실제로는 좋지 못한 것.

外は見栄えが良いが、実際は良くないこと。

아무리 좋은 제도도 시행이 안 되면 빛 좋은 개살구일 뿐이다.

いくら良い制度も施行できなければ見掛け倒しになるだけだ。

093 ▶ 093 ☆☆☆
사공이 많으면 배가 산으로 올라간다

直訳 船頭が多いと船が山に登って行く
意味 船頭多くして船山へ登る

뜻풀이 자신의 생각을 주장하는 사람이 많으면 일을 제대로 진행시킬 수 없다.

自分の考えを主張する人が多いと、ことを進めることができない。

사공이 많으면 배가 산으로 올라간다더니 각자 주장이 달라서 오늘도 여행지를 정하지 못했다.

船頭多くして船山へ登るのごとく、それぞれ主張が違って、今日も旅行先が決まらなかった。

094 ▶ 094 ☆☆☆
사촌이 땅을 사면 배가 아프다

直訳 いとこが土地を買えば、お腹が痛む
意味 人が自分より良くなるのを見るといい気がしない

뜻풀이 남이 잘되는 것을 기뻐해 주지는 않고 오히려 질투하고 시기하다.

人がうまくいっていることを喜ぼうとせず、むしろ嫉妬して妬む。

사촌이 땅을 사면 배가 아프다더니 그 말이 사실인 거 같아.

人がうまくいくと嫉妬で腹が痛むというけど、その言葉通りだと思う。

095 ▶095 ☆☆☆

새 발의 피

直訳 鳥の足の血
意味 すずめの涙

뜻풀이 아주 적은 양.
非常に少ない量。

임원 월급에 비하면 평사원인 내 월급은 새 발의 피지.
役員の給料に比べると、平社員の私の給料は雀の涙だよ。

096 ▶096 ☆☆☆

설마가 사람 죽인다(잡는다)

直訳 まさかが人を殺す
意味 油断大敵

뜻풀이 그럴 리야 없을 것이라 마음을 놓은 일이 잘못
되어 탈이 난다.
まさかと思って安心していたら誤って事故が起こる。

이 사거리는 익숙하지만 설마가 사람 죽인다. 조심하자.
この交差点は通り慣れているが、油断大敵だ。気をつけよう。

097 ▶097

세 살 적 버릇이 여든까지 간다

直訳 3歳の癖（気持ち）は80歳まで続く
意味 三つ子の魂百まで

☆☆☆

뜻풀이 어릴 때 몸에 밴 버릇은 늙어 죽을 때까지 고치기 힘들다.

幼い時に身についた癖は老いて死ぬまで直しにくい。

세 살 버릇 여든까지 간다고 어릴 때부터 습관을 고치지 않으면 나중에는 더 고치기 어려워.

三つ子の魂百までというように、子供の時から悪い癖を直しておかないと、あとで直すのは難しい。

098 ▶098

소 뒷걸음질 치다 쥐 잡기

直訳 牛が後ずさりしてネズミを捕る
意味 全く何かをする意思がないのに、結果的に良い成果を得る

☆☆☆

뜻풀이 생각지도 않던 일이 일어나다. 우연히 공을 세우다.

思ってもいなかったことが起きて偶然功績を立てる。

A 일요일에 백화점에 갔는데, 10만 번째 고객이라고 고가 기념품을 받은 거 있지.

日曜日にデパートに行ったんだけど、10万人目のお客ということで高価な記念品をもらっちゃった。

B 와! 소 뒷걸음질 치다 쥐 잡은 격이네.

わー！それをけがの功名というんだよ。

099 ▶099 ☆☆☆

소 잃고 외양간 고친다

直訳 牛を失って牛屋を修繕する
意味 後の祭り。証文の出し遅れ。泥棒を見て縄をなう

뜻풀이 일이 이미 잘못된 뒤에는 바로잡으려고 애써도 소용이 없다.

出来事が既に悪くなってからは、立て直そうと頑張っても無駄だ。

A 주식 팔지 말고 좀 더 가지고 있을걸.

株売らずにもう少し持っていけば良かったのに。

B 지금 후회해 봤자 소 잃고 외양간 고치는 격이야.

今、後悔しても後の祭りだよ。

100 ▶100 ☆☆☆

쇠귀에 경 읽기

直訳 牛の耳に経文を読む
意味 馬の耳に念仏

뜻풀이 아무리 가르쳐 줘도 알아듣지 못하거나 효과가 없다.

いくら教えてあげても、わからないし、効果がない。

그 사람한테 아무리 충고해 봤자 쇠귀에 경 읽기야.
전혀 들으려고 하지 않아.

その人にいくら忠告したって馬の耳に念仏だ。全く聞こうとしない。

확인 문제 10 確認問題 10

📝 제시된 말과 어울리는 표현을 보기에서 골라 쓰세요.

보기	
a. 빈 수레가 더 요란하다	b. 빛 좋은 개살구
c. 사공이 많으면 배가 산으로 올라간다	d. 사촌이 땅을 사면 배가 아프다
e. 새 발의 피	f. 설마가 사람 죽인다(잡는다)
g. 세 살 적 버릇이 여든까지 간다	h. 소 뒷걸음질 치다 쥐 잡다
i. 소 잃고 외양간 고친다	j. 쇠귀에 경 읽기

1. 겉보기만 좋다. _____

2. 질투하다. _____

3. 속이 빈 사람이 더 시끄럽다. _____

4. 해도 소용없다. _____

5. 유단하면 위험하다. _____

6. 의견이 많으면 원하는 결과를 내기 힘들다. _____

7. 습관은 고치기 어렵다. _____

8. 우연히 횡재하다. _____

9. 아주 양이 적다. _____

10. 뒤늦게 후회하다. _____

101 ▶101 ☆☆☆

수박 겉 핥기

直訳 スイカの皮舐め
意味 うわべだけの浅はかな見解や行い

뜻풀이 어떤 일이나 사물의 속 내용은 잘 모르고 겉만 건드리다.
内部の実情や本質を見抜けないまま表面的に事を行う。

수박 겉 핥기식으로 공부하니 반에서 꼴찌를 하는 거야.
スイカの皮舐め式に勉強するからクラスでビリになるんだ。

102 ▶102 ☆☆☆

순풍에 돛을 단 배(순풍에 돛을 달다)

直訳 順風満帆
意味 物事が思うように順調に進む

뜻풀이 일이 어려움이나 문제가 없이 뜻한 바대로 순조롭게 잘 진행되다.
物事が困難や問題もなく、意図した通り順調にうまく進んでいる。

자리잡기까지 고생했지만, 연초에 승진을 한 이후로 순풍에 돛을 단 배처럼 일이 순조롭게 풀리고 있다.
今の地位に落ち着くまで苦労したけど、年初めに昇進してからは順風満帆、すべてうまくいっている。

103 ▶103

★★☆

시작이 반이다

直訳 始まりが半分だ
意味 始めてしまえば、半分成したも同然だ

뜻풀이 일을 시작하기가 어렵지 일단 시작하면 끝내기는 그렇게 어렵지 않다.
仕事を始めるのが難しいのであって、一旦始めれば終わらせるのは、それほど難しくない。

A 지금도 힘든데 정상까지 어떻게 올라가?
　ここでも大変なのに頂上までどうやって登りきるの？

B 시작이 반이야 힘내!
　始まりが半分だよ頑張って！

104 ▶104

★★☆

식은 죽 먹기

直訳 冷えたおかゆを食べる
意味 朝飯前

뜻풀이 아주 쉽게 할 수 있는 일.
非常にたやすくできること。

거짓말을 식은 죽 먹듯 하는 사람과는 상종할 수 없다.
嘘を朝飯前にする人とは付き合えない。

<small>□ 상종하다 付き合う</small>

105 ▶105

⭐⭐☆

십 년이면 강산(산천)도 변한다

直訳 10年なら江山（山川）も変わる

意味 十年ひと昔

뜻풀이 시간이 흐르게 되면 모든 것이 다 변하게 된다.

時間が経つと、すべてのものが変わる。

십 년이면 강산도 변한다고 내 고향도 많이 변했겠다.

十年すれば山河も変わるというように私の故郷も随分変わっただろうな。

106 ▶106

⭐⭐☆

아는 길도 물어 가라

直訳 知っている道も尋ねて行け

意味 念には念を入れよ

뜻풀이 아는 일이라도 잘 확인하여 실수가 없게 신중하게 행동하다.

知っていることでも、よく確認してミスのないように慎重に行動する。

아는 길도 물어 가라고 하니까 실수하지 않게 충분히 확인하세요.

知っている道も尋ねて行けというから、失敗しないように十分確認してください。

107 ▶ 107

★★★

아니 땐 굴뚝에 연기 날까

直訳 炊かない煙突に煙が立つか

意味 火のない所に煙は立たぬ

뜻풀이 아무것도 없는 곳에서 소문이 날 리 없기 때문에 소문이 나는 것은 무언가 사실과 이유가 있는 것이 틀림없다.

何もないところから噂が立つことはないので噂が立つのは何かしら事実や理由があるに違いない。

A 그 커플 헤어졌다는 소문이 있던데, 사실이야?

あのカップル別れたという噂だけど、本当なの？

B 아니 땐 굴뚝에 연기 날 리가 없지.

火のないところに煙は立たないからね。

108 ▶ 108

★★★

아닌 밤중에 홍두깨(내밀듯)

直訳 突然綾巻を出すように

意味 寝耳に水

뜻풀이 갑자기 상황에 맞지 않는 엉뚱한 말이나 행동을 한다.

いきなり状況に合わない、突拍子もない話や行動をする。

아닌 밤중에 홍두깨야. 갑자기 결혼을 하겠다니.

寝耳に水だ。突然結婚だなんて。

109 ⊙109

⭐⭐☆

앞길이 구만 리 같다

【直訳】 前途が九万里あるようだ
【意味】 前途有望。前途洋洋。将来が期待される

뜻풀이 아직 나이가 젊어서 앞으로 어떤 큰일이라도 해낼 수 있는 날들이 충분히 있다.
まだ若いから、これからどんなに大きな仕事でもやり抜ける日々が十分ある。

앞길이 구만 리 같은 젊은이들에게 도움이 되는 이야기를 해 주고 싶다.
前途洋々な若者に役に立つ話をしてあげたい。

110 ⊙110

⭐⭐☆

얕은 내도 깊게 건너라

【直訳】 浅い川も深い川のように渡れ
【意味】 石橋を叩いて渡る

뜻풀이 잘 아는 일이라도 세심하게 주의를 하라.
よく知っていることでも細心の注意をする。

얕은 내도 깊게 건너라는 속담은 뭐든 신중히 하라는 뜻이에요.
浅い川も深い川のように渡れという諺は、何事も用心深く行動せよという意味です。

확인 문제 11 確認問題 11

✎ 제시된 말과 어울리는 표현을 보기에서 골라 쓰세요.

보기	
a. 수박 겉 핥기	b. 순풍에 돛을 단 배(순풍에 돛을 달다)
c. 시작이 반이다	d. 식은 죽 먹기
e. 십 년이면 강산(산천)도 변한다	f. 아는 길도 물어 가라
g. 아니 땐 굴뚝에 연기 날까	h. 아닌 밤중에 홍두깨(내밀듯)
i. 앞길이 구만 리 같다	j. 얕은 내도 깊게 건너라

1. 배움의 깊이가 없다. _____

2. 시작이 중요하다. _____

3. 엉뚱하다. _____

4. 시간이 흐르면 변하다. _____

5. 순조롭다. _____

6. 신중하게 행동하다. _____

7. 무언가 이유가 있다. _____

8. 창창하다. _____

9. 아주 간단하다. _____

10. 세심하게 주의하다. _____

111 ▶111 ☆☆☆
엎어지면 코 닿을 데

> **直訳** うつ伏せになれば鼻のつくところ
> **意味** 目と鼻の先

뜻풀이 매우 가까운 거리.
大変近い距離。

A 우유 없어? 마시고 싶은데.
　牛乳ないの？飲みたかったのに。

B 그럼 사 와. 가게가 엎어지면 코 닿을 데인데.
　じゃ、買ってきて。目と鼻の先に店があるんだから。

112 ▶112 ☆☆☆
엎지른 물

> **直訳** こぼした水
> **意味** 覆水盆に返らず

뜻풀이 돌이킬 수 없는 일.
起きてしまったことは元に戻すことはできない。

한번 엎지른 물은 다시 주워 담지 못하니까 언동에는
항상 조심하세요.
覆水盆に返らずで、起きてしまったことは元に戻せないの
で言動には常に気を付けてください。

113 ⓟ113 ☆☆☆

엎친 데 덮치기

直訳 倒れたところへ覆いかぶさる

意味 泣きっ面に蜂、弱り目にたたり目。不運、不幸が重なる

뜻풀이 어렵거나 나쁜 일이 겹치어 일어나다.

辛いことや悪いことが重なって起きる。

경기도 안 좋은데 코로나까지 겹쳐서 엎친 데 덮친 격이지.

景気も悪いのにコロナまで重なって泣き面に蜂の状態だ。

114 ⓟ114 ☆☆☆

열 길 물속은 알아도 한 길 사람의 속은 모른다

直訳 十尋の水の底はわかっても一尋の人の心の底はわからない

意味 とかく人の心は分からない

뜻풀이 사람의 속마음은 알기가 매우 어렵다.

人の本音を知ることは大変難しい。

열 길 물속은 알아도 한 길 사람의 속은 모른다고 그 사람이 설마 사기꾼일 줄이야.

とかく人の心は分からないと言うけれど、まさかあの人が詐欺師だとは。

★★☆

열 번 찍어 안 넘어가는 나무 없다

直訳 10回切りつけて倒れない木はない
意味 繰り返して努力すればついには成功する

뜻풀이 어떤 일이든 꾸준히 노력하면 이루지 못할 것이 없다.

どんなことでも、絶えず努力すれば叶えられないことはない。

열 번 찍어 안 넘어가는 나무 없다고 계속 데이트 신청하면 언젠가는 받아줄지도 모르지.

10回切りつけて倒れない木はないと言うから、続けてデートに誘ったらいつかは応じてくれるかも。

★★☆

열 손가락 깨물어 안 아픈 손가락이 없다

直訳 10本の指をかんでも痛い指はない
意味 いくら子たくさんでも自分の子はどの子も可愛い

뜻풀이 자식은 똑같이 다 귀하고 소중하다.

子供は皆等しく、尊くて大切だ。

열 손가락 깨물어 안 아픈 손가락 없다지만, 아버지는 막내를 특히 예뻐하셨다.

子供は皆同じく大切だというけど、父は末っ子を特にかわいがった。

117

★★☆

오르지 못할 나무는 쳐다보지도 말라

[直訳] 登れない木は見上げるな

[意味] 不可能なことだったら初めから望むな

뜻풀이 자기의 능력 밖의 불가능한 일에 대해서는 처음부터 욕심을 내지 않는 것이 좋다.

自分の能力を超える不可能なことは最初から欲を出さない方がいい。

A 저 배우 내 남자친구였으면 좋겠어.

あの俳優、私の彼氏ならいいのにな。

B 오르지 못할 나무는 쳐다보지도 마.

登れない木は見上げるな。

118

★★☆

옷이 날개

[直訳] 服が翼

[意味] 馬子にも衣装

뜻풀이 옷이 좋으면 사람이 돋보인다.

服が良いと、人が引き立つ。

옷이 날개라고 너 꼭 영화배우 같구나.

馬子にも衣装のごとく、君はまるで映画俳優のようだ。

119

⊙ 119 ☆☆☆

우물 안 개구리

直訳 井の中の蛙
意味 井の中の蛙

뜻풀이 넓은 세상을 알지 못하거나 보는 눈이 좁아서 자기만 잘난 줄 아는 사람.

広い世界を知らなかったり、見る目が狭くて自分だけが優れていると思っている人。

다양한 분야의 지식을 쌓아 우물 안 개구리가 되지 않도록 할 필요가 있다.

多様な分野の知識を積み、井の中の蛙にならないようにする必要がある。

120

⊙ 120 ☆☆☆

울며 겨자 먹기

直訳 泣きながらからしを食べる
意味 嫌なことをやむを得ずする

뜻풀이 싫은 일을 억지로 하다.

嫌なことを泣く泣くする。

조류독감으로 가축을 전부 처분해야만 했어. 이게 바로 울며 겨자 먹기다.

鳥インフルエンザで、家畜を全部処分しなければならなかった。まさに、泣きながらからしを食べるようなものだ。

제시된 말과 어울리는 표현을 보기에서 골라 쓰세요.

보기	
a. 엎어지면 코 닿을 데	b. 엎지른 물
c. 엎친 데 덮치기	d. 열 길 물속은 알아도 한 길 사람의 속은 모른다
e. 열 번 찍어 안 넘어가는 나무 없다	f. 열 손가락 깨물어 안 아픈 손가락이 없다
g. 오르지 못할 나무는 쳐다보지도 말라	h. 옷이 날개
i. 우물 안 개구리	j. 울며 겨자 먹기

1. 이미 늦다. _____

2. 속내를 알 수 없다. _____

3. 매우 가깝다. _____

4. 노력하면 이루어진다. _____

5. 억지로 하다. _____

6. 모든 자식이 소중하다. _____

7. 옷이 사람을 돋보이게 한다. _____

8. 세상 보는 눈이 좁다. _____

9. 나쁜 일이 겹치다. _____

10. 주어진 것에 만족하다. _____

121

⏵ 121 ☆☆☆

웃는 낯에 침 못 뱉는다

[直訳] 笑う顔に唾は吐けない。

[意味] 怒れる拳笑顔に当たらず。笑う顔に矢立たず

뜻풀이 좋게 대하는 사람에게 나쁘게 대할 수 없다.
良く接してくれる人に、悪く接することはできない。

웃는 낯에 침 못 뱉는다잖아. 너가 먼저 친절히 대해 봐.
笑顔に唾は吐けないというじゃない。あなたが先に優しく
してみたら。

122

⏵ 122 ☆☆☆

원숭이도 나무에서 떨어진다

[直訳] 猿も木から落ちる

[意味] 猿も木から落ちる

뜻풀이 어떤 일을 오랫동안 해서 잘하는 사람도 가끔
실수할 때가 있다.
あることを長い間やって上手にできる人でもたまに失敗す
る時がある。

원숭이도 나무에서 떨어진다고 하더니 프로도 기본적
인 실수를 할 때가 있네요.
猿も木から落ちるそうですが、プロでも基本的なミスをす
る時がありますね。

123 ▶123 ☆☆☆

윗물이 맑아야 아랫물이 맑다

直訳 上手の水が澄んでこそ下手の水も澄む
意味 上清めれば下濁らず

뜻풀이 지위나 신분이 높은 윗사람이 잘해야 아랫사람도 잘하게 되다.

地位や身分が上の人の行いが正しければ下の人の行いも正しくなる。

A 넌 누굴 닮아서 말을 안 듣는 거니?

君は誰に似て言うことを聞かないの。

B 아빠, 윗물이 맑아야 아랫물이 맑죠.

お父さん、上清めれば下濁らずでしょう。

124 ▶124 ☆☆☆

이빨 빠진 호랑이

直訳 歯の抜けた虎
意味 勢力が衰えて落ちぶれた人、権力を失った人。持っていた才能や能力を発揮できなくなった人

뜻풀이 갖고 있던 세력을 모두 잃고 무능력해진 상태가 되다.

持っていた力をすべて失って無力になる。

말만 회장이지, 지금은 이빨 빠진 호랑이나 다를 바 없다.

名ばかりの会長で、今は歯のない虎と変わらない。

125

▶ 125 ☆☆☆

작은 고추가 더 맵다

直訳 小さな唐辛子がもっと辛い

意味 山椒は小粒でもぴりりと辛い

뜻풀이 몸집이 작은 사람이 큰 사람보다 재주가 뛰어나고 야무지다.

体が小さい人が大きい人より才能が秀でていてしっかりしている。

작은 고추가 맵다고 그는 몸집은 작지만 큰 선수들과 비교해도 절대 뒤지지 않아요.

小さい唐辛子が辛いと言うように、彼は小柄だけど大きい選手と比較しても決して劣ってはいません。

126

▶ 126 ☆☆☆

젊어서 고생은 사서도 한다

直訳 若いときの苦労は買ってでもせよ

意味 若いときの苦労は買ってでもせよ

뜻풀이 젊어서 고생하고 어려운 일을 겪으면 그 경험으로 지혜를 얻을 수도 있고, 어느 정도의 어려운 일은 헤쳐 나갈 수 있다.

若くして苦労をするとその経験に知恵を得ることができ、ある程度の難しいことは乗り越えていくことができる。

젊어서 고생은 사서도 한다잖아. 지금은 힘들더라도 좀더 버텨보자.

若い時の苦労は買ってでもすると言うじゃない。辛くてももう少し耐えてみよう。

· **75** ·

127

🔊 127   ⭐⭐⭐

제비는 작아도 강남(을) 간다

直訳 ツバメは小さくても江南に行く

意味 身体は小さくても自分の役割は十分に果たす

뜻풀이 모양은 비록 작아도 제 할 일은 다 한다.
見かけは小さいけれどもなすべきことはなす。

제비는 작아도 강남을 간다는 속담 아시죠?
제가 약해 보인다고 봐주다간 후회하실 거예요.
身体は小さくても自分の役割を果たします。私が小柄だからとなめたら後悔しますよ。

128

🔊 128   ⭐⭐⭐

좋은 약은 입에 쓰다

直訳 良い薬は苦い

意味 良薬口に苦し

뜻풀이 자기에 대한 충고나 비판이 당장은 듣기에 좋지 않지만 자기 수양에 이롭다.
忠言、諫言は聞くのがつらいが、自分の身のためになる。

선생님이 하신 말씀은 확실히 엄할지 몰라. 하지만 좋은 약은 입에 쓰다고 너한테 매우 중요한 거야.
先生が言ったことは確かに厳しかったかもしれない。でも、良薬口に苦し、あなたとってとても大事なことよ。

129 ▶129

★★★

쥐구멍에도 볕 들 날 있다

【直訳】 ネズミの穴にも陽光が差し込む日がある
【意味】 待てば海路の日和あり

뜻풀이 아무리 힘들고 어려운 처지의 사람에게도 좋은 날은 온다.

大変苦労をする生活にも良いことがある日がある。

지금은 생활이 어렵지만 쥐구멍에도 볕 들 날이 있을 거야.

今は生活が厳しいけれど、待てば海路の日和ありというでしょう。

130 ▶130

★★★

지렁이도 밟으면 꿈틀한다

【直訳】 ミミズも踏めば動く
【意味】 一寸の虫にも五分の魂

뜻풀이 아무리 지위가 낮거나 순하고 좋은 사람이라도 너무 업신여기면 가만히 있지 않는다.

いくら地位が低かったり大人しく良い人でも、馬鹿にしすぎると我慢しない。

지렁이도 밟으면 꿈틀한다는데 저렇게 무시하면 안 되지.

ミミズも踏めば動くというのに、あのように無視してはいけないね。

□ 꿈틀하다 ピクリする

✎ 제시된 말과 어울리는 표현을 보기에서 골라 쓰세요.

보기	
a. 웃는 낯에 침 못 뱉는다	b. 원숭이도 나무에서 떨어진다
c. 윗물이 맑아야 아랫물이 맑다	d. 이빨 빠진 호랑이
e. 작은 고추가 더 맵다	f. 젊어서 고생은 사서도 한다
g. 제비는 작아도 강남(을) 간다	h. 좋은 약은 입에 쓰다
i. 쥐구멍에도 볕 들 날 있다	j. 지렁이도 밟으면 꿈틀한다

1. 윗사람이 잘해야 한다. _____

2. 아무리 힘들어도 좋은 날이 온다. _____

3. 프로도 실수할 수 있다. _____

4. 작아도 야무지다. _____

5. 젊었을 때 경험은 나중에 도움이 된다. _____

6. 좋게 대하면 좋게 돌아온다. _____

7. 좋은 충고는 받아들이기 힘들지만 도움이 된다. _____

8. 영향력이 약하다. _____

9. 작아도 제 역할을 다하다. _____

10. 너무 무시하면 약한 사람도 가만히 있지 않는다. _____

131 ▶131 ☆☆☆

짚신도 제짝이 있다

直訳 わらじ（わらぐつ）にもその片方がある
意味 破れ鍋に綴蓋。

뜻풀이 보잘것 없는 사람도 제짝이 있다.
どんな人にも必ずぴったり合う相手がいる。

짚신도 제짝이 있다고 이런 나한테도 애인이 생겼다.
わらじにもその片方があるというように、こんな私にも恋人ができた。

132 ▶132 ☆☆☆

천리 길도 한 걸음부터

直訳 千里の道も一歩から
意味 千里の道も一歩から

뜻풀이 아무리 큰일이라도 작은 것에서부터 시작해야 한다.
いくら大変なことでも、小さなことから始めなければならない。

천리 길도 한 걸음부터라잖아. 시작이 중요한 거야.
千里の道も一歩からと言うでしょう。始めが肝心だよ。

133 ▶ 133

☆☆☆

첫술에 배부르랴

直訳 一さじで満腹になると言うのか
意味 何事もたった一度だけで満足な結果を得ることはできない

뜻풀이 어떤 일이든지 한 번에 만족할 수는 없다.
どんなことでも、一度で満足することはない。

뭐든 첫술에 배부르지 않을테니 처음부터 너무 욕심내
지 말고 꾸준히 해 보자.
何事も時間がかかるから最初からあまり欲張らずにこつこ
つやってみよう。

134 ▶ 134

☆☆☆

친구 따라 강남 간다

直訳 友達について江南に行く
意味 牛に引かれて善光寺参り

뜻풀이 자기는 하고 싶지 않으나 남에게 끌려서 덩달
아 하게 된다.
するつもりはなかったが、他人につられて自分もするよう
になる。

친구 따라 강남 간다고 나도 상호와 같이 미국으로 유
학가게 되었어요.
牛に引かれて善光寺参りのごとく、私もサンホと一緒にア
メリカに留学することになりました。

☆☆☆

칼로 물 베기

[直訳] 刀で水を切る

[意味] 喧嘩をしてもすぐ仲直りをする

뜻풀이 다투었다가도 시간이 조금 지나 곧 사이가 다시 좋아지다.

喧嘩をしても少し時間がたったらすぐ仲直りをする。

A 그렇게 심하게 싸우더니 사이 좋게 케이크를 먹고 있네.

あんなにひどく言い争ってたのに、仲良くケーキを食べてるよ。

B 부부 싸움은 칼로 물 베기라 잖아.

夫婦喧嘩は刀で水を切るというじゃん。

☆☆☆

콩 심은 데 콩 나고 팥 심은 데 팥 난다

[直訳] 豆を植えたところに豆が生えて小豆を植えたところに小豆が生える

[意味] 因果応報

뜻풀이 모든 일에는 원인에 걸맞은 결과가 나타난다.

すべての事は原因によって結果が生じる。

콩 심은 데 콩 나고 팥 심은 데 팥 난다더니 이기적인 부모 밑에는 이기적인 아이가 나오기 마련이야.

因果応報というように、自己中の親から悪い子が生まれるんだから。

137 ▶137 ☆☆☆

콩으로 메주를 쑨다 하여도 곧이 듣지 않는다

[直訳] 豆で味噌こうじを作ると言ってもすぐに耳を貸さない
[意味] 普段よく嘘をつく者は、本当のことを言っても信じてもらえない

[뜻풀이] 거짓말을 잘 하는 사람의 말은 아무리 사실을 말해도 믿지 않는다.

よく嘘をつく人の話はいくら事実を言っても信じない。

김 대표가 콩으로 메주를 쑨다고 해도 곧이 들을 사람은 한 사람도 없을 거예요.

キム代表が本当のことを言ったとしても、信じる人は一人もいませんよ。

138 ▶138 ☆☆☆

토끼 둘을 잡으려다가 하나도 못 잡는다

[直訳] 兎 2 匹捕まえようとして一匹も捕まえられない
[意味] 二兎追うものは一兎をも得ず

[뜻풀이] 욕심을 부려 한꺼번에 여러 가지 일을 하려 하면 모두 제대로 이루지 못한다.

欲張って一気にいろんなことをやろうとすれば、すべてがまともに叶えられない。

A 너무 욕심을 부렸나 봐. 사귀던 두 사람한테 다 차였어.

ちょっと欲張ったみたい。付き合っていた二人に捨てられた。

B 그렇게 토끼 둘을 잡으려다가 하나도 못 잡는다고 했잖아.

だから二兎追うものは一兎をも得ずといったでしょう。

139 ▶ 139

☆☆☆

티끌 모아 태산

[直訳] ちりを集めて泰山
[意味] ちりも積もれば山となる

[뜻풀이] 아무리 작은 것이라도 모이고 모이면 나중에 큰 덩어리가 된다.

どんなに小さなものでも、たくさん集まれば、後に大きな塊になる。

티끌 모아 태산이라고 조금씩 10년 동안 모았더니 그것도 꽤 목돈이 되네요.

ちりも積もれば山となると言うが、少しずつ10年間貯めたら結構大金になるんですね。

140 ▶ 140

☆☆☆

피는 물보다 진하다

[直訳] 血は水より濃い
[意味] 血は水よりも濃い

[뜻풀이] 혈육의 정이 깊다.

血の繋がった血縁者はどんなに親しい他人との関係より深く強い。

사이가 나빠도 동생 편을 드는 걸 보니 역시 피는 물보다 진한가 보다.

仲が悪くても弟の肩を持つのをみると、やはり血は水より濃いようだ。

확인 문제 14 確認問題 14

제시된 말과 어울리는 표현을 보기에서 골라 쓰세요.

보기	
a. 짚신도 제짝이 있다	b. 천리 길도 한 걸음부터
c. 첫술에 배부르랴	d. 친구 따라 강남 간다
e. 칼로 물 베기	f. 콩 심은 데 콩 나고 팥 심은 데 팥난다
g. 콩으로 메주를 쑨다 하여도 곧이 듣지 않는다	h. 토끼 둘을 잡으려다가 하나도 못 잡는다
i. 티끌 모아 태산	j. 피는 물보다 진하다

1. 원인에 맞는 결과. _____

2. 시작이 중요하다. _____

3. 한 번에 만족할 수 없다. _____

4. 누구에게나 맞는 상대가 있다. _____

5. 따라하다. _____

6. 전혀 믿지 못하다. _____

7. 욕심을 내다 모두 놓치다. _____

8. 금방 관계가 좋아지다. _____

9. 타인보다 혈연은 강하다. _____

10. 작은 것도 모이면 큰 것이 된다. _____

☆☆☆

하나를 보고 열을 안다

直訳 一つを見て十を知る
意味 一を聞いて十を知る

뜻풀이 일부만 보고도 이를 미루어 전체를 알 수 있다.
一部だけを見て、そこから推測して全体が分かる。

하나를 보고 열을 안다고 했는데, 그 청년이 휴지를 줍는 걸 보고 인품이 바르다는 걸 바로 알았지.
一を見て十を知ると言うけど、その青年がゴミを拾うのを見て人柄が良いとすぐに気づいたよ。

☆☆☆

하나만 알고 둘은 모른다

直訳 一つだけ知って二つを知らない
意味 一を知りて二を知らず

뜻풀이 어떠한 일이나 사물의 한 면만 보고 전체의 모습을 두루 보지 못한다. 융통성이 없다.
あることや、ものの一面だけを見て、全体を見ることができない。融通が利かない。

결국 하나만 알고 둘은 모른다는 건데, 그래서 다른 나라 사례는 조사해 보셨나요?
結局一を知りて二を知らずではありませんが、それで他の事例は調べてみましたか。

143 ▶ 143 ☆☆☆

하늘의 별 따기

[直訳] 空の星をとる
[意味] 至難の業

뜻풀이 무엇을 얻거나 이루어내기가 매우 어렵다.
何かを得たり、成し遂げたりするのが非常に難しい。

서민들이 서울에서 집을 마련하기란 하늘의 별 따기
이다.
庶民がソウルで家を購入するのは、至難の業だ。

144 ▶ 144 ☆☆☆

하늘이 무너져도 솟아날 구멍이 있다

[直訳] 空が崩れても湧き上がる穴がある
[意味] 窮すれば通ず

뜻풀이 아무리 힘들고 어려운 일이 생겨도 해결할 방
법은 있기 마련이다.
どんなに困難な状況でもそれを切り抜ける方策はあるはず
だ。

A 이 위기를 어떻게 빠져나가면 좋을지.
この危機をどう乗り越えたらよいのか。

B 하늘이 무너져도 솟아날 구멍이 있다고 하잖아.
どんな状況でも切り抜けられると言うじゃない。

145 ▶145 ☆☆☆

하룻강아지 범 무서운 줄 모른다

直訳 生まれたばかりの子犬はトラの恐ろしさを知らない
意味 盲蛇に怖じず

뜻풀이 철없이 함부로 덤비다.
物事を知らない者は向こう見ずなことを平気でする。

하룻강아지 범 무서운 줄 모른다더니 감히 누구한테 덤비는 거야.
盲蛇に怖じずと言うが、一体誰に向かって喧嘩を売っているわけ？

146 ▶146 ☆☆☆

우물을 파도 한 우물을 파라

直訳 井戸を掘るにも一つの井戸を掘れ
意味 何事も一つのことに励めば成功する

뜻풀이 한 가지 일에만 몰두해서 끝까지 하다.
一つのことだけに没頭して最後までやる。

이것 저것 손대지 말고 우물을 파도 한 우물만 열심히 파는 게 좋아.
あれこれ手を出さずに、一つのことに集中するのがいいよ。

147 ▶147 ☆☆☆

한강에 돌 던지기

[直訳] 漢江に石を投げる
[意味] のれんに腕押し

뜻풀이 아무리 애를 써도 어떤 효과나 영향도 바랄 수 없다.

いくら努力しても何の効果も影響も望めない。

빚이 많아서 매달 갚아도 한강에 돌 던지는 거나 마찬가지다.

借金が多くて毎月返済しても漢河に石を投げるのと同じだ。

148 ▶148 ☆☆☆

호랑이는(범은) 죽어서 가죽을 남기고, 사람은 죽어서 이름을 남긴다

[直訳] 虎は（豹は）死んで皮を残し、人は死んで名を残す
[意味] 人は死後名を残せるように、立派な行いをしなければならない

뜻풀이 살아 있을 때 훌륭하고 착한 일을 하면 후세까지 이름을 남길 수 있다.

生きている時に立派な良い行いをすると、後世にまで名前を残すことができる。

범은 죽어서 가죽을 남기고, 사람은 죽어서 이름을 남긴다는데 우리도 후세에 기억될 일을 해야 하지 않겠어.

虎は死んで皮を残し、人は死んで名を残すそうだから私たちも後世に残せる仕事をしないとね。

호랑이도 제 말 하면 온다

直訳 虎も自分の話をすれば来る

意味 噂をすれば影

뜻풀이 다른 사람에 관해 이야기를 하는데 공교롭게 그 사람이 나타나다.

他の人について話をしているところに、あいにくその人が現れる。

호랑이도 제 말 하면 온다더니 딱 맞춰 나타났네.

噂をすれば影のごとく、ちょうどいいタイミングで現れたね。

□ 딱 맞추다 ちょうど良いタイミング

혹 떼러 갔다 혹 붙여 온다

直訳 こぶをとりに行って、こぶをくっつけて来る

意味 ミイラ取りがミイラになる

뜻풀이 자기의 부담을 덜려고 하다가 다른 일까지도 맡게 되다.

自分の負担を減らそうとしてて、他の仕事までする羽目になる。利益を得るつもりで行ったのに、害を被る。

이번 일 거절하려 했는데 오히려 책임자가 돼 버렸어. 혹 떼러 갔다 혹 붙여 온 셈이지.

今回の仕事、断ろうとしてたのに、かえって責任者になってしまった。ミイラ取りがミイラになったわけよ。

✎제시된 말과 어울리는 표현을 보기에서 골라 쓰세요.

보기	
a. 하나를 보고 열을 안다	b. 하나만 알고 둘은 모른다
c. 하늘의 별 따기	d. 하늘이 무너져도 솟아날 구멍이 있다
e. 하룻강아지 범 무서운 줄 모른다	f. 우물을 파도 한 우물을 파라
g. 한강에 돌 던지기	h. 호랑이는(범은) 죽어서 가죽을 남기고, 사람은 죽어서 이름을 남긴다
i. 호랑이도 제 말 하면 온다	j. 혹 떼러 갔다 혹 붙여 온다

1. 그 사람의 행동을 보면 그를 알 수 있다. _____

2. 이루기 힘들다. _____

3. 철없이 대들다. _____

4. 애를 써도 효과가 없다. _____

5. 아무리 힘들어도 해결할 방법이 있다. _____

6. 후세에 기억되다. _____

7. 융통성이 없다. _____

8. 타이밍이 딱 맞다. _____

9. 부담이 늘다. _____

10. 한 가지 일을 끝까지 하다. _____

解答

確認問題 1

1 c	2 a	3 d	4 b	5 e
6 j	7 f	8 h	9 g	10 i

確認問題 2

1 h	2 a	3 f	4 b	5 d
6 c	7 f	8 j	9 i	10 g

確認問題 3

1 e	2 h	3 i	4 b	5 d
6 c	7 g	8 f	9 i	10 a

確認問題 4

1 b	2 j	3 a	4 c	5 i
6 d	7 f	8 e	9 g	10 h

確認問題 5

1 a	2 d	3 f	4 b	5 j
6 c	7 g	8 h	9 e	10 i

確認問題 6

1 d	2 a	3 i	4 c	5 h
6 e	7 j	8 b	9 f	10 g

確認問題 7

1 a	2 d	3 e	4 b	5 h
6 i	7 g	8 c	9 f	10 j

確認問題 8

| 1 | b | 2 | g | 3 | h | 4 | a | 5 | c |
| 6 | d | 7 | e | 8 | i | 9 | j | 10 | f |

確認問題 9

| 1 | b | 2 | a | 3 | c | 4 | d | 5 | e |
| 6 | j | 7 | g | 8 | h | 9 | f | 10 | i |

確認問題 10

| 1 | b | 2 | d | 3 | a | 4 | j | 5 | f |
| 6 | c | 7 | g | 8 | h | 9 | e | 10 | i |

確認問題 11

| 1 | a | 2 | c | 3 | h | 4 | e | 5 | b |
| 6 | f | 7 | g | 8 | i | 9 | d | 10 | j |

確認問題 12

| 1 | b | 2 | d | 3 | a | 4 | e | 5 | j |
| 6 | f | 7 | h | 8 | i | 9 | c | 10 | g |

確認問題 13

| 1 | c | 2 | i | 3 | b | 4 | e | 5 | f |
| 6 | a | 7 | h | 8 | d | 9 | g | 10 | j |

確認問題 14

| 1 | f | 2 | b | 3 | c | 4 | a | 5 | d |
| 6 | g | 7 | h | 8 | e | 9 | j | 10 | i |

確認問題 15

| 1 | a | 2 | c | 3 | e | 4 | g | 5 | d |
| 6 | h | 7 | b | 8 | i | 9 | j | 10 | f |

著者略歴

林 炫情（いむ ひょんじょん）

韓国生まれ。広島大学大学院国際協力研究科博士課程後期修了。博士
(Ph. D.)。

専門は社会言語学、外国語教育。現在、山口県立大学国際文化学部教
授。

丁 仁京（ちょん いんぎょん）

韓国生まれ。麗澤大学大学院言語教育研究科博士後期課程修了。博士
（文学）。

専門は日韓対照言語学、韓国語教育。現在、佐賀女子短期大学地域み
らい学科教授。

イラストで覚える韓国語　ことわざ

初版発行　2023年4月7日

著　　者　林炫情・丁仁京

編　　集　金善敬

イラスト　村上 卓

発 行 人　中嶋 啓太

発 行 所　博英社

　　　　〒 370-0006 群馬県 高崎市 問屋町 4-5-9 SKYMAX-WEST
　　　　TEL 027-381-8453/FAX 027-381-8457
　　　　E・MAIL hakueisha@hakueishabook.com
　　　　HOMEPAGE www.hakueishabook.com

ISBN　　978-4-910132-27-3

*乱丁・落丁本は、送料小社負担にてお取替えいたします。
*本書の全部または一部を無断で複写複製(コピー)することは、著作権法上での例外を除き、禁じられています。

定　価　　1,980 円 (本体 1,800 円)